DRYAS

Christine Liew

Schattenläufer und Perlenmädchen

Abenteuer Alltag in Japan

Dryas Verlag

PEFC/04-31-0880

Das für dieses Buch eingesetzte Papier ist ein Produkt aus
nachhaltiger Forstwirtschaft.

1. Auflage 2010

Umschlaggestaltung: Rosa Segerer, Segerer Design
Umschlagbild und Bildteil: Christine Liew
Herstellung: Gabriel A. Neumann, Heidelberg
Druck: Strauss GmbH, Mörlenbach

Bibliografische Information der Deutschen Bibliothek:
Die Deutsche Bibliothek verzeichnet diese Publikation in
der Deutschen Nationalbiografie, detaillierte
bibliografische Daten sind im Internet über
http://dnb.ddb.de abrufbar

ISBN: 978-3-940855-22-0
www.dryas.de

Christine Liew:
Schattenläufer und Perlenmädchen
Abenteuer Alltag in Japan

Vorab: Dryas Verlag setzt sich für bewusstes Reisen ein

Liebe Leserinnen und Leser,

die Reisebücher des Dryas Verlags beschreiben das Leben und den Alltag in anderen Kulturen. Sie sollen Sie inspirieren, bewusst zu reisen, mit offenen Augen, und Unterschiede als Bereicherung zu erfahren.

Bewusstes Reisen heißt für mich, offen zu sein für Anderes und Neues, es aktiv anzunehmen – es heißt aber auch, nicht die Augen zu verschließen vor Problemen, und diese ebenso aktiv anzugehen. Aus diesem Grund spendet der Verlag für jedes verkaufte Buch 50 Cent an eine Organisation, die in der jeweils beschriebenen Region soziale, kulturelle oder ökologische Projekte unterstützt.

Der Dryas Verlag ist auch Mitglied im „Forum anders Reisen e.V.", ein Zusammenschluss, der sich für Tourismusformen einsetzt, die langfristig ökologisch tragbar, wirtschaftlich machbar sowie ethisch und sozial gerecht für ortsansässige Gemeinschaften sind. Diesem Ziel der Nachhaltigkeit verpflichten wir uns.

Die mit dem vorliegenden Buch gesammelten Spenden gehen an „Ärzte ohne Grenzen e.V.", welche in Japan u.a. erste Hilfe bei Erdbebenkatastrophen leisten. Mehr zu den Einsatzgebieten von „Ärzte ohne Grenzen" erfahren Sie unter www.aerzte-ohne-grenzen.de.

Ich bedanke mich für Ihren Beitrag für „Ärzte ohne Grenzen" und wünsche viel Vergnügen beim Entdecken der unbekannteren Seiten Japans.

Sandra Thoms
Verlegerin Dryas Verlag

Vorwort

Die spannendsten Geschichten schreibt der Alltag – und das gilt für den japanischen Alltag natürlich ganz genauso. Manchmal ist der glitzernd bunt, wenn die Hausfrau ihren Lieblingsstar im Revuetheater bewundert oder der Manga-Fan für einen Nachmittag in seiner Traumwelt verschwindet. Ein andermal dagegen knallhart, wenn ein junger Obdachloser seine Nächte im Fast-Food-Restaurant bei einer Tasse Kaffee verbringen muss. Da sorgt sich das in die Jahre gekommene Perlenmädchen um ihre Altersvorsorge und sattelt mit über siebzig Jahren noch mal um. Der Firmenangestellte in den besten Jahren möchte am liebsten aussteigen, doch die Zukunft seiner Kinder hält ihn im Hamsterrad des Alltags. Ein junger Sumo-Ringer träumt von der ganz großen Sportlerkarriere und das Schulmädchen von nebenan bessert sein Taschengeld mit Herrenbesuch im Love Hotel auf.

Neben sehr persönlichen Erzählungen über den Alltag ganz gewöhnlicher Japaner handeln andere Geschichten dieses Buches generell von Japan. Wie leben die Leute mit der ständigen Bedrohung durch Erdbeben? Warum wohnen Obdachlose in Zeltkommunen im Park, und sind Japaner wirklich ein homogenes Volk? Ein Blick auf die Vielfalt der Religionen, der einzigartigen Sprache, dem regionalen Reichtum sowie ein bunter Abriss der Jahresfeste runden den neugierigen Blick auf den japanischen Alltag ab.

Wer nach der Lektüre feststellt, dass Japan weit mehr als schöne Tempel, Sushi und Geisha-Damen zu bieten hat, dem sei vor seiner nächsten Reise die im Anhang verzeichneten *Top Ten des guten Tons* ans Herz gelegt. Die berühmten Fettnäpfchen wären damit erst einmal unter Kontrolle, denn welcher Gast blamiert sich schon gerne?

Zum Schluss noch eine Anmerkung zur Schreibweise japanischer Bezeichnungen: Die lateinische Umschrift folgt der Schreibweise der international anerkannten Hepburn-Systems. Deshalb schreibe ich Tokyo anstelle von Tokio und Kyoto für das in Deutschland manchmal noch gebräuchliche Kioto. Allerdings habe ich zugunsten der Lesefreundlichkeit auf die Verlängerungsstriche über den Vokalen verzichtet.

Christine Liew,
Südliche Weinstraße im Sommer 2010

Inhaltsverzeichnis

Sexy Salariman

Die Türen öffnen sich und der Tumult beginnt. Ich schiebe und schubse, nuschele Entschuldigungen und kenne doch nur ein Ziel: Ich muss da noch rein! Hier hängt noch eine Schulter draußen, dort will partout die Tasche nicht mit. Weiß behandschuhte Hände packen mich und helfen sanft nach. Das Signal ertönt, die Türen schließen und die Bahn setzt sich mit ihrer übervollen Last in Bewegung. Da stehen wir nun, noch enger zusammengedrückt als die berühmten Sardinen in der Dose und fahren einem langen Arbeitstag entgegen.

Einen dieser arg gedrückten Männer folge ich heute durch den Tag. Es ist Miura Kotsuke, der Mann mit der verrutschten Brille gleich vorne an der Tür. Die schiefe Brille stört ihn, doch er muss es ertragen, er kann seine Arme in der drangvollen Enge nicht bewegen. Salariman Miura ist Anfang 40, verheiratet und hat zwei Kinder. Mit seinem pflegeleichten Anzug und der Krawatte mit fleckenresistentem Muster ist Miura ein typischer Vertreter seiner Zunft. Die Bezeichnung *Salariman* leitet sich vom englischen *salaried man*, Angestellter, ab, die japanische Liebe für Abkürzungen hat mittlerweile ein *Riman* daraus gemacht. Jeder Mann, der ein geregeltes Gehalt erhält und sich bei der Arbeit nicht die Hände schmutzig macht, gilt in Japan als Salariman. Es sagt nichts über Position oder Einkommen aus. So geben beinahe 90 Prozent der Kinder „Salariman" als Beruf ihrer Väter an. Das ist schön diffus und daher auch niemals falsch. Auch Miuras Kinder wissen, dass ihr Vater ein Riman ist, der morgens ganz früh aufsteht und abends so spät heimkehrt, dass sie ihn unter der Woche praktisch nie sehen. Das stört sie nicht sonderlich, sie und die Kinder in der Nachbarschaft kennen es nicht anders.

Seit einigen Jahren wohnt die Familie in einem kleinen Häuschen weit draußen im Nordosten von Tokyo. Der Preis für das Glück im Grünen ist hoch: Miura muss täglich mehrere Stunden pendeln. Am Morgen ist das besonders schlimm, je näher sie dem Zentrum kommt, desto voller wird die Bahn. In Ueno, einem von Tokyos riesigen Zentralbahnhöfen, steigt auch Miura aus. Er hetzt die Treppen rauf und runter, hört den Anschlusszug schon einfahren. Er läuft noch schneller und wirft sich in die nächste offene Tür. Nur nicht zögern! Wer zaudert, hat in der japanischen Rushhour schon verloren.

Manchmal hat Miura sein Leben als Salariman so satt, dass er allein beim Anblick der Bahn Herzklopfen bekommt. „Ich werde dann richtig aggressiv, wenn ich so eingeklemmt zwischen all den Menschen stehen muss. Manchmal würde ich am liebsten wieder rausspringen und einfach nur fortlaufen", erzählt Miura ruhig bei einer Schale Tee. „Ich lenke mich dann ab und träume von einem Leben ganz weit weg. Irgendwo im Süden, da fange ich dann ganz von vorne an. Neulich habe ich in der Buchhandlung einen Ratgeber dazu gesehen. Den hätte ich beinahe gekauft. Aber das geht natürlich nicht", fügt er seufzend hinzu. „Ich muss an die Kinder denken. Meine Frau und ich, wir könnten das schaffen. Aber die Kinder brauchen eine gute Schule, und die Nachhilfestunden müssen auch bezahlt werden. Jetzt ist es zu spät dafür, jetzt muss ich das einfach aushalten."

Wenn er gemeinsam mit der Menschenmasse aus dem Bahnhof zurück ans Tageslicht quillt, hat er sich wieder im Griff und die mentale Morgenkrise ist überwunden.

Seit 15 Jahren arbeitet Miura Kotsuke in der Entwicklungsabteilung einer großen Softwarefirma. Der Wachmann am Tor ruft ihm einen zackigen Morgengruß zu, gemeinsam mit den Kollegen betritt er den Fahrstuhl. Im fünften Stock liegt das Großraumbüro seiner Einheit. Jeweils zwei Tische stehen sich gegenüber, am Ende der langen Reihe steht ein Schreibtisch quer. Hier sitzt der Chef. Er hat den besten Platz gleich am Fenster. Das rangniedrigste Mitglied der Gruppe ist der junge Kato, er sitzt hinten im Dunkeln. Miura ist dem Chef schon recht nah, für das nächste Jahr erhofft er sich eine Beförderung.

Als Erstes schlüpft Miura in seine Uniformjacke und wechselt die Schuhe. „Wir haben hier alle unsere Büroschlappen. Den ganzen Tag in Straßenschuhen zu verbringen, ist doch furchtbar unbequem", erklärt Miura. Und tatsächlich, jeder Kollege trägt Pantoffeln, manche sind ausgesprochen plüschig und feminin. Nur die OLs, die Office Ladies, wie die rangniedrigen Sekretärinnen genannt werden, tragen zu ihren adretten Uniformen hochhackige Schuhe.

Immer noch finden sich in japanischen Unternehmen selten Frauen in verantwortungsvollen Positionen, das Bild der weiblichen Angestellten ist trotz aller Gleichberechtigungsbemühen weiterhin von den jungen Damen ohne Karrierechancen geprägt. Ihre Aufgabe besteht hauptsächlich aus leichten Bürotätigkeiten und dem Servieren von Tee, dabei haben sie oftmals ein College besucht und bringen gute Qualifikationen mit.

Auch Miura bekommt von einer jungen Dame seine erste Tasse Tee serviert. Ein kleines Schwätzchen und der Gong ertönt: „Guten Morgen allerseits! Heute ist ein schöner Tag! Bevor wir uns nun an unsere Schreibtische begeben und besonders gute Leistungen erbringen, lassen Sie uns unsere Lockerungsübungen beginnen!" Klaviermusik im abgehackten Rhythmus ertönt. Die freundliche Stimme vom Band gibt Anweisungen für Kniebeugen und Schulterrollen. Die meisten treten brav in den Gang und machen die Übungen mit. Da huscht noch ein Kollege zur Tür hinein und legt dem Chef einen Zettel auf den Tisch. Sein Zug hatte Verspätung. Um Ärger am Arbeitsplatz zu vermeiden, stellt die Bahngesellschaft Entschuldigungsschreiben für die Betroffenen aus.

Nach dem ersten Blick in den Computer steht heute eine Besprechung an. Alle Teilnehmer begeben sich in das Konferenzzimmer. Zuvor schieben Miura und seine Kollegen auf der Magnettafel bei der Tür die Knöpfchen neben ihren Namen von „Anwesend" auf „Besprechung". Sollte ein Telefonat reinkommen, können die Kollegen nach einem Blick auf die Tafel immer die korrekte Auskunft erteilen.

Die Besprechung zieht sich in die Länge. Zu jedem Thema muss der Konsens der Gruppe eingeholt werden, das dauert seine Zeit. Aufgaben werden verteilt, Berichte eingefordert. Miura arbeitet zügig, die morgendliche Müdigkeit ist verflogen. Um Punkt 12 Uhr ertönt erneut der Gong: Zeit für die Mittagspause. Früher gingen die Kollegen gemeinsam in eines der vielen kleinen Restaurants des Viertels. Seit einiger Zeit läuft Miura lieber zum Park an die Ecke, setzt sich auf eine Bank und packt sein Lunchpaket, das sogenannte *O-Bento*, aus. „Wenn ich mir Essen von daheim mitbringe, ist das billiger als ein Restaurantbesuch. Die Bonuszahlungen fallen nicht mehr so üppig aus und auch Gehaltserhöhungen sind nicht mehr selbstverständlich. So leiste ich meinen Beitrag zum Sparen in der Familie. Und außerdem funktioniert das Bento wie ein Stimmungsbarometer zwischen meiner Frau und mir", erklärt er augenzwinkernd. „Packt sie mir nur Reis mit einer roten sauren

Pflaume ein, kann ich mich auf Zank gefasst machen. Bekomme ich aber Fisch, Würstchen und Obst, läuft alles prima!" Ein Blick auf sein üppiges Mittagessen sagt mir, dass Frau Miura gerade sehr zufrieden mit ihrem Mann ist. Ich frage, ob er sich denn sein Mittagessen morgens manchmal selbst zubereite. Mittlerweile sollen zehn Prozent aller Männer ihren Henkelmann selbst füllen. Er wehrt ab: „Ein *Bento-Danshi*, ein Bento-Mann, bin ich nicht. Das schaffe ich morgens gar nicht. Meine Kinder bekommen ja auch ihr Mittagessen mit auf den Weg. Das macht meine Frau alles ganz schnell allein."

Nach der kurzen Pause in der Sonne geht es zurück ins Büro. Zum Glück stört es niemanden, wenn man in der anschließenden Besprechung kurz die Augen schließt. Das beweise nur, dass man hochkonzentriert bei der Sache sei, behauptet Miura. Er selbst ist auch so enorm bei der Sache, dass seine Augen zufallen. Der Tag ist schließlich noch lange nicht zu Ende. Gegen 17 Uhr steht noch ein Firmenbesuch mit dem Chef an. Will man Eindruck schinden, fährt man mit dem Taxi, ansonsten wird nun immer öfter die Bahn genommen. Aus Umweltgründen, heißt es offiziell. Doch alle wissen, dass auch die Firma sparen muss. Früher gab es vom Chef öfter mal Taxigutscheine als kleines Dankeschön. Die haben alle gerne nach der *Konpa*, dem Saufgelage mit Kollegen, zur Heimfahrt genutzt. Doch die Gutscheine bekommen sie kaum noch und müssen daher auch spät abends mit der Bahn heim. Viele betrunkene Salariman schlafen während der Fahrt tief und fest und wachen, wie von Zauberhand berührt, rechtzeitig zum Verlassen des Zuges wieder auf. Miura kann das leider nicht. Nach der Silvesterfeier im letzten Jahr hatte er den Zug in die falsche Richtung genommen. Als ihm die Lichter von Yokohamas Chinatown entgegenleuchteten, war der letzte Zug Richtung Norden schon lange weg. Damals musste Miura die Nacht im Hotel verbringen.

„Dieses Jahr habe ich meiner Frau das Versprechen abgerungen, dass ich mir nach der Jahresabschlussfeier ein Taxi nehmen darf", berichtet Miura stolz. Sie verwaltet schließlich das Familieneinkommen, von seinem mickrigen Taschengeld kann er sich gewöhnlich kein Taxi leisten. Das reicht gerade mal für Zigaretten, Drinks und Zeitschriften. In Japan gibt es keine gemeinsamen Bankkonten, so behält die Ehefrau kurzerhand die Bankkarte und der Mann muss sie um Geld bitten. Die wenigsten Ehemänner regen sich darüber auf, auch Miuras Kollegen ergeht es nicht anders. Daheim trifft die Frau die wichtigen Entscheidungen für die Familie, doch die Firma bestimmt deren Kurs. Steht zum Beispiel eine Versetzung an, wird nicht lange gefackelt. Eher einem Marschbefehl gleich als eine wirkliche Chance zur beruflichen Veränderung wird der Betroffene kurzfristig informiert. Ablehnung ist ein Ding der Unmöglichkeit. Der moderne Samurai folgt dem Ruf seines Herrn ohne Wenn und Aber. Frau und Kinder haben sich anzupassen. Sollte ein kurzfristiger Umzug unmöglich sein, weil etwa der Sohn vor wichtigen Prüfungen steht, wird der tapfere Salariman kurzerhand zum Strohwitwer gemacht. Er muss allein gehen. Das ist völlig normal und schadet weder Ehe noch Ansehen. Selbst die Ehefrau lässt den Gatten ohne große Sorge ziehen. Sie weiß, die Firma wird den Mann im fernen Osaka oder sonst wo schon ordentlich auf Trab halten, und am Wochenende darf er heim. Das hat eindeutig Vorteile, so kann der Mann am Freitag auf einen regulären Feierabend um 17 Uhr bestehen. Am Ende hat die Familie so mehr von ihrem „Business Bachelor" als von unserem Pendler Miura, der samstags auch noch mal los muss und den Sonntag recht erschöpft vor dem Fernseher verbringt.

Noch ist das Wochenende fern und Miuras Arbeitstag noch lange nicht zu Ende. Obwohl es schon auf 19 Uhr zugeht, sind Miura und sein Chef nach dem Außentermin noch einmal zurück ins Büro gefahren. Der Feierabendgong hat schon lange geläutet, wann der Chef wohl heute gehen wird? Bevor er nicht aufsteht und „O-saki ni!" („Ich gehe dann mal!") ruft, kann keiner der Männer heimkehren. Das ist eines der ungeschriebenen Gesetze der japanischen Arbeitswelt. Der Boss bestimmt den Feierabend, vorher verlässt niemand den Raum. Einzig die OLs gehen pünktlich heim, von ihnen erwartet niemand Überstunden. Das Ende ihrer Anstellung kommt entweder mit der Heirat oder aber spätestens mit dem ersten Kind. Dabei gilt die Firma immer noch als der beste Heiratsmarkt, die Hälfte aller Ehen werden in Japan unter Kollegen geschlossen. „Meine Frau habe ich auch hier kennengelernt", erzählt Miura. Nach der Hochzeit erhielten die beiden eine günstige Firmenwohnung und seine Frau Kyoko kündigte ihre Stelle. Sie tauchte ab in die geschäftige Welt der Mütter und Kleinkinder, während Miura sich an den Aufbau seiner Karriere machte. Finanziell stehen sie heute gut da, das Gehalt steigt nicht mehr so stark wie in den Anfangsjahren, auch besagte Bonuszahlungen im Sommer und Winter fallen geringer aus. Doch seit einiger Zeit arbeitet Kyoko wieder in Teilzeit im Baumarkt um die Ecke. Ihr Gehalt sparen sie für die Ausbildung der Kinder und so blicken sie recht optimistisch in die Zukunft. Das erträumte Aussteigerleben muss jedoch noch ein paar Jahre warten. Miura seufzt und schaut auf die Uhr, schon 20 Uhr.

Endlich schiebt der Chef seine Papiere zusammen, schlüpft in seine Straßenschuhe, verschiebt sein Magnetknöpfchen und entrichtet den Abschiedsgruß. Die Truppe antwortet ihm enthusiastisch, kann man nun selbst endlich Feierabend machen.

Viele Konzerne versuchen mittlerweile, den Hang ihrer Vorgesetzten zu Überstunden einzudämmen. So schaltet zum Beispiel ein großes Kosmetikunternehmen um 22 Uhr automatisch im ganzen Haus das Licht aus. Wer danach den Schalter betätigt, muss mit einer empfindlichen Strafe rechnen. Auch das Gesetz verbietet mittlerweile mehr als 30 Überstunden im Monat. Dass die fast immer unbezahlt abgeleistet werden, wird kaum debattiert. Problematisch sind die mittleren Unternehmen, die weder Buch über Überstunden noch Grenzen in der Belastbarkeit ihrer Angestellten erkennen. *Karoshi*, Tod durch Überarbeitung, ist inzwischen offiziell als berufsbezogener Tod anerkannt und zwingt den Arbeitgeber zu Entschädigungszahlungen. Doch beweisen können die Hinterbliebenen das in den wenigsten Fällen. In Miuras Arbeitsbereich Entwicklung ist der Druck nicht so extrem. So packen die Kollegen wenige Minuten nach dem Chef ihre Taschen und machen sich auf Richtung Bahnhof. Wenn Miura sich jetzt beeilt, schafft er es heute Abend noch rechtzeitig heim zu *Salaryman Neo*. Die Late-Night-Comedy-Show über das Leben und Leiden durchschnittlicher Angestellter hat sich zum absoluten Hit entwickelt. Miura mag am liebsten die Szenen mit ganz normalen Typen, die urplötzlich daheim Besuch vom Chef bekommen oder denen der erste Besuch in einem Kosmetiksalon für Männer furchtbar peinlich ist. Seine Frau hingegen liebt *Sexy Bucho*, den Abteilungsleiter im Latin-

Lover-Stil. Sie will nichts davon hören, dass es solche feurigen Typen im echten Firmenleben nicht gibt. Auch wenn Miura nicht müde wird, ihr das immer wieder zu erzählen. „Lass mich doch", sagt sie dann, „dich fand ich früher auch sexy", und schaut dabei bedeutungsvoll auf seinen leichten Bauchansatz.

Sexy Salariman Miura, das ist auch schon eine Weile her, überlegt Miura, als er am Ende eines langen Arbeitstages endlich in der leeren Bahn sitzt. Er gähnt und streckt genüsslich seine Beine aus. Wenn es doch nur nicht noch 90 Minuten bis nach Hause wären!

Nylon-Kabuki

Einmal im Monat ist Hausfrau Michiko schon beim Aufstehen wie elektrisiert, scheucht Mann und Kinder aufgeregt aus dem Haus und fährt wenig später mit der Vorstadtbahn zu einem kleinen Badeort nördlich von Kobe. An diesen Tagen macht sie sich extra schön und vergisst nie, sich einen türkisfarbenen Schal umzubinden. Das ist das Erkennungszeichen. Hat die brave Michiko etwa eine Affäre? „So was mache ich doch nicht", kichert sie. „Der Schal zeigt nur, dass ich zum Fanclub von Jun gehöre."
Sena Jun ist Superstar des Takarazuka-Revuetheaters. Singend und tanzend erobert Jun mal als Kaiser Franz Josef, mal als Rhett Butler die Herzen von Frauen wie Michiko. Einmal im Monat ist Programmwechsel, dieser Tag ist Michiko geradezu heilig. Für einen Tag lassen sie und ihre Clubfreundinnen Haushalt, Kinder und Ehemann hinter sich und tauchen ein in die glamouröse Traumwelt des Takarazuka.
Seit knapp einhundert Jahren vertont das Revuetheater Weltliteratur und Kassenschlager. Leidenschaftliche Duette und komplizierte Tanzschritte machen weder vor Tolstois „Krieg und Frieden" noch vor Zorros Abenteuern halt. Das Publikum ist immer wieder begeistert, wenn zum Abschluss sämtliche Darsteller in Las-Vegas-Manier die breite Treppe hinuntertanzen. Jubel bricht aus, Standing Ovations für die Hauptdarstellerin! Denn Rhett, das Franzerl und seine Kollegen sind allesamt Frauen.

Das Takarazuka-Theater ist ein japanisches Phänomen und das gleich im doppelten Sinn. Da schaut sich ein japanischer Geschäftsmann an, was weltweit auf Papier und Zelluloid Erfolg hat, passt es dem japanischen Geschmack an, lässt nur junge unverheiratete Frauen auf die Bühne, und das Konzept schlägt ein wie eine Bombe. Das Resultat sind zwei Millionen Zuschauer im Jahr und ein zweites Spielhaus in Tokyo. Die Vorgehensweise kennen wir aus anderen Bereichen der Wirtschaft – wer erinnert sich nicht an die ersten, verdächtig vertraut aussehenden Autos made in Japan? Allein ein Geschlecht in sämtlichen Rollen Theater spielen zu lassen, das hat in Japan bekanntlich Tradition. Das klassische Kabuki-Theater kennt nur männliche Darsteller, das Takarazuka-Theater dreht den Spieß um und besetzt seine Musicals nur mit Frauen. Genau wie im Kabuki spezialisieren sich die Schauspielerinnen auf die Darstellung eines Geschlechts. Manche gehen so in ihrer Rolle auf, dass sie auch im Alltag einen künstlichen Bart tragen, um das richtige Feeling zu bekommen. Trotzdem werden sie von Kritikern abfällig als Nylon-Kabuki bezeichnet. Gerne vergessen diese Stimmen die rauen Anfänge des edlen Kabuki und seinen enormen Erfolg bei den Vergnügungssüchtigen der Edo-Zeit. Damals nahm man beliebte Stücke aus dem Puppentheater und ließ sie von richtigen Menschen spielen, heute erweckt das Takarazuka Kinofilme zum Leben. Kabuki wurde vor 400 Jahren von einer Frau gegründet und endete als reines Männertheater, der Gründer des Takarazuka-Frauentheaters war ein Mann. Seine Erfolgsgeschichte begann mit einer Pleite.

Der Eisenbahn-Tycoon Kobayashi Ichizo baute Anfang des 20. Jahrhunderts eine Bahnverbindung von Osaka über Kobe in den Onsen-Badeort Takarazuka. Um die Leute in seine Eisenbahn zu bekommen und das Tagesgeschäft in Takarazuka zu beleben, errichtete er in dem kleinen Ort das erste moderne Familienbad Japans. Die Ausflügler wollten aber lieber abends in heißen Quellen entspannen, als in einem unbeheizten Schwimmbad ihre Runden drehen. Die Investitionen schienen in den Sand gesetzt. Doch so schnell gab Kobayashi nicht auf, er gründete ein rein weibliches Revuetheater mit eigener Schule. Das war 1913. Damals galten Schauspielerinnen als bessere Prostituierte, keine halbwegs anständige Familie hätte ihre Tochter zu Kobayashi geschickt. Also organisierte der findige Kobayashi seine Tanzakademie nach dem Muster einer Klosterschule: Alle Schülerinnen leben – auch heute noch – ohne Ausnahme im Internat. Während ihres ersten Ausbildungsjahres dürfen sie das Gelände nicht ohne Begleitung verlassen, männlicher Besuch ist nur in der Eingangshalle erlaubt. Die jüngeren Schülerinnen haben den älteren zu gehorchen. Dazu gehört auch das Putzen ihrer Zimmer mit Eimer und Schrubber. Staubsauger und andere Hilfsmittel sind verboten, sie verweichlichen nur und sorgen nicht für die nötige Hingabe und Demut. Klosterschulen sind heutzutage sicherlich weitaus freizügiger geworden, Kobahashi beharrt hingegen weiterhin auf Disziplin und Regelgewalt.

Trotz des überaus strengen Schulalltags rennen die Bewerberinnen der Akademie alljährlich die Türen ein. Die Takarazuka Music School gilt als Japans beste Schule für Tanz und Gesang. Wer sie absolviert, hat im japanischen Showbusiness sehr gute Chancen. So wurden im April 2009 von über eintausend Bewerberinnen zwischen 15 und 18 Jahren nur 40 angenommen. Die 19-jährige Ai ist eine von ihnen. Sie ist im zweiten Jahr ihrer Ausbildung, bald darf sie sich ihren Künstlernamen aussuchen und wird in die Anfängertruppe aufgenommen. „Ich wollte schon immer in prächtigen Kostümen auf der Bühne stehen", erzählt sie mit glänzenden Augen. „Mit neun Jahren bekam ich dann endlich professionelle Tanz- und Gesangstunden." Ohne diese Extrastunden hätte Ai bei den Prüfungen keinerlei Chance auf Erfolg gehabt. Die Leiterin ihrer Privatschule war eine ehemalige Takarasienne, wie sich die Schauspielerinnen des Theaters selbst bezeichnen. Takarasienne ist eine fantasievolle Ableitung von „Parisienne", den begehrten französischen Chic erhalten die jungen Damen also automatisch mit ihrem neuen Status.

Hartes Üben allein reicht nicht immer für eine erfolgreiche Aufnahme. Jedes Jahr machen Gerüchte die Runde, dass Eltern ihren Töchtern den Weg in die Schule erkaufen. Die Schulgebühren von umgerechnet 2 500 Euro im Jahr sind nicht ungewöhnlich hoch, jede ordinäre japanische Fachoberschule verlangt heute so viel. Es ist das Prestige, eine Takarasienne in der Familie zu haben, und die Aussicht auf richtig gute Ehekandidaten, die manche Mütter und Väter anscheinend zu unlauteren Mitteln greifen lassen. Die graue Schuluniform macht die jungen Damen beim Eintritt wieder gleich. Sie stammt aus den Dreißigerjahren, als die Schule den *Hakama*, Japans traditionellem Schulkimono, zugunsten des militaristisch beeinflussten Uniformstils aufgab.

Ganz ohne Militär geht es auch heute nicht. Alle Anfängerinnen werden von japanischen Offizieren in Marschieren, korrektem Stehen und Verbeugen unterrichtet. Wer könnte einem zukünftigen Mann besser männliche Attitüden beibringen? Die Spezialisierung auf Männer- oder Frauenrollen beginnt jedoch erst im zweiten Jahr. Dabei spielen Körpergröße, Stimme, Persönlichkeit und sogar ein Quäntchen Vorliebe eine entscheidende Rolle. Die neuen Männer (*Otokoyaku*) sind groß, haben rechteckige Gesichter, dickere Augenbrauen, dunklere Haut und breitere Schultern. Eine tiefere Stimme und Charisma runden ihre Erscheinung ab. Mit ausgreifenden Armbewegungen, die Hände stets zu Fäusten geformt, marschieren sie mit großen Schritten über die Bühne. Die *Musume* (Töchter, Mädchen) halten ihre Arme bis zum Ellenbogen dicht am Körper und reduzieren ihre Bewegungen auf ein Minimum. Für sie heißt es, bloß nicht auffallen, bloß nicht Raum beanspruchen! Der männliche Part ist der Star jeder Show, die Frauenrollen sind unterstützend, aber niemals führend. Ai hat Glück gehabt, sie darf ein Mann werden. „Als Kind wusste ich gar nicht, dass die Männer von Frauen gespielt wurden. Sie erschienen mir so perfekt, und nun werde ich selbst einer!" Ai findet es nur schade, dass sie nun auch im Privatleben niemals Röcke oder Kleider tragen darf. Doch die Hoffnung, eines Tages selbst Superstar mit großer Fangemeinde zu sein, versüßt ihr diesen kleinen Verzicht erheblich.

Bis dahin wird wohl noch eine Weile vergehen. Nach einem Jahr in der Anfängertruppe werden die Neulinge auf die fünf Ensembles verteilt. Jede Gruppe pflegt ihren eigenen Stil. So gelten die Darsteller des Mond-Ensembles (*Tsuki-gumi*) als exquisit und charmant, die Sterne (*Hoshi-gumi*) als strahlend extrovertiert. Im Zentrum jeder Truppe steht das „Golden Combi", das Traumpaar. Diese beiden Darstellerinnen besetzen grundsätzlich die Hauptrollen und garantieren ein volles Haus. Und das schon am Vormittag bis hinein in die späten Nachmittag. Abends bleibt das Theater geschlossen, denn die Fans müssen nach Hause zu ihren Familien. Obwohl nur unverheiratete, hübsche junge Frauen auf der Bühne stehen, sind männliche Fans nahezu unbekannt. Das Gros der Bewunderer sind gestandene Hausfrauen wie Michiko. Es wurde schon viel gerätselt, warum das so ist. Manche vermuten, dass junge Mädchen sich von den femininen „Männern" angezogen fühlen und sie ohne Ängste anhimmeln können. Auf der Bühne knistert es gewaltig, aber Kuss und Umarmung werden nur angedeutet. Alles Weitere wird der Fantasie der Zuschauerin überlassen. Und die haben gestandene Japanerinnen wohl ganz besonders, die Altersgruppe jenseits der vierzig fühlt sich am stärksten von der üppigen Traumwelt angezogen. Diese Frauen haben einen arbeitsintensiven Lebensabschnitt gerade hinter sich. Die Kinder sind groß, der Ehemann sitzt in der Firma fest im Sattel. Nun gönnen sie sich wieder Muße und Unterhaltung. Ihre Männer haben mittlerweile jeglichen Sinn für Romantik verloren, ein neuer Mann muss es nun auch nicht gleich sein. Eine zuckersüße Dosis Herzschmerz am Nachmittag ist fantastisch. Da hier Frauen unter Frauen bleiben, haben auch die Männer nichts gegen das harmlose Vergnügen. Takarazuka ist in ihren Augen keine Konkurrenz. So sind am Ende alle zufrieden, die Frauen kommen nach einem Nachmittag vermeintlicher Abenteuer beschwingt und pünktlich zum Kochen nach Hause, und der Ehemann hat nach einem langen Tag seine Ruhe.

Michiko ergeht es ganz genauso. „Mein Mann geht mit den Kollegen Golf spielen und das hier ist mein Hobby." Seit vielen Jahren ist sie Mitglied eines Fanklubs und hat sich damit einige Privilegien errungen. Wenn die Verehrerinnen am Bühnenausgang auf „ihre" Stars warten, darf sie in der vorderen Reihe stehen. Dafür sorgt die Präsidentin ihres Klubs, eine resolute ältere Dame. Diese Damen sind oftmals auch persönliche Betreuerinnen der Stars. Sie nehmen der Takarasienne sämtliches Gepäck ab, bestimmen, wer ihr Präsenttüten überreichen darf, und begleiten sie heim. Manche gehen so weit, ihnen auch das tägliche Lunchpaket herzurichten. Doch ihre erste Aufgabe ist es, unter den Fans für Ordnung und Disziplin zu sorgen. Und das funktioniert sehr gut: Zeigt sich die Bewunderte nach einem langen Arbeitstag am Bühnenausgang, knien sich die vorderen Reihen sofort hin, um den hinteren nicht den Blick zu versperren. Niemand drängelt oder versucht gar, den Star zu berühren. Von dieser Szene träumt Ai natürlich auch. Dann sieht sie sich selbst lächelnd die Reihen abschreiten und in Windeseile Briefe und Aufmerksamkeiten entgegennehmen, bis das Kommando ihrer Betreuerin ertönt, der gesamte Fanklub einen Abschiedsgruß ruft und die Menge der entzückten Damen sich geordnet auflöst.

Die allabendlichen Familienpflichten rufen, nach der Starverabschiedung haben es Michiko und die anderen Frauen eilig, zur Bahn zu kommen. Dort zeigt sie stolz ihr Souvenir herum: ein Foto gemeinsam mit Jun. Und nicht etwa ein verwackelter Schnappschuss mit dem Handy, sondern eine richtige Studioaufnahme aus dem Hause Takarazuka! Macht nichts, dass Jun nachträglich in das Bild hineinkopiert wurde. Dafür trägt Michiko auf dem Foto die prächtige Robe der Scarlett, komplett mit passender Perücke. Ihre Freundinnen sind entzückt und kommentieren das Bild mit hohen Zwitscherstimmen. Michiko schaut ein bisschen wehmütig. „Jun wird bald aufhören, sie will heiraten. Das wird hart für uns alle." „Na ja, Jun hat auch ein Recht auf Eheglück und Kinder. Dafür muss sie halt aufhören, so sind die Regeln", sagt sie dann tapfer. „Ich habe im Fanmagazin gelesen, dass sie ein ganz normales Leben führen will. Doch nicht etwa so wie wir?" Darüber müssen die Damen im Zug dann doch alle herzlich lachen. Wer wünscht sich schon den ganz normalen Alltag einer Hausfrau herbei? So etwas Naives fällt doch sonst nur Männern ein! Eben.

Hai, Toranaga-sama!

„Hai, Toranaga-sama!" Den Morgenmantel in Samu-
rai-Manier um sich gewickelt, verbeugte der junge
Mann sich steif vor der übrigen Familie und plumps-
te dann an den Frühstückstisch. „Ah, Marmelade!
Oishii!" Immer schön mit dem Kopf nickend und
„Hai, hai" murmelnd machte er sich übers Brot her –
und hielt wenigstens für kurze Zeit die Klappe. Der
neueste Spleen meines Bruders zehrte schon ein wenig an unseren Nerven. Seit einigen Wochen war er
nun Anjin-san, die Hauptfigur von Clavells Roman
„Shogun". Mit jeder Ausstrahlung der amerikanischen Fernsehserie erhielt seine Fantasie neues Futter. Er garnierte seine Sätze mit japanischen Sprach-
brocken und ließ das Gemeckere seiner Schwester
gleichgültig an sich abprallen, halt wie ein echter Samurai. Mit Ende der Serie war der Spuk vorbei und
Japans glorreiche Vergangenheit geriet in unserer
Familie wieder in Vergessenheit. Zumindest bis zu
dem Tag, als ich beschloss, Japanisch zu studieren
und sich der liebenswürdige Spleen meines Bruders
bei mir in eine Passion verwandelte.

Schon in meiner ersten Japanischstunde lernte ich,
dass das ewige „Hai, hai" der Film-Japaner keineswegs ein Klischee war. Auch Professor Sato, fortan
zuständig für uns Erstsemester, warf permanent
ein japanisches Ja in die Konversation. Sato-sensei
war ein kleiner zarter Mann unbestimmten Alters
mit Schnurrbart. Immer akkurat im Dreiteiler gekleidet erinnerte er uns entfernt an Mori Ōgai und Na-
tsume Sōseki, die großen japanischen Literaten des
19. Jahrhunderts. Sato-sensei brachte uns mehrmals
die Woche seine Muttersprache bei. Er unterrichte-

te nicht, er bot uns ein Event. Er sprang an der Tafel entlang, schrieb riesige Schriftzeichen, malte Bilder und fuchtelte solange mit den Armen, bis auch der schwerfälligste Student begriff, dass er mal von Blumen und mal von Zauberern sprach. Von Stunde eins an redete er nur Japanisch, wir waren entzückt, auch wenn wir rein gar nichts verstanden. Deutsche Brocken gab es für uns nur, wenn nichts mehr ging. Wie ein Kabuki-Schauspieler rollte er dann mit den Augen und fragte sich wohl, warum ausgerechnet er uns Deppen unterrichten musste. Sein Deutsch war grammatikalisch perfekt, doch sein japanischer Akzent ließ uns anfangs verzweifeln. Nachzufragen war nicht möglich, er erlitt jedes Mal einen Wutanfall ob unserer Begriffsstutzigkeit. Trotzdem war er sehr beliebt, denn er hatte die Angewohnheit, unsere Testergebnisse zu verschlampen. Nur unter Druck gab er Monate nach den Prüfungen die Noten bekannt. Allerdings mussten wir für den begehrten Schein zu ihm persönlich in die Sprechstunde. Allein mit dem cholerischen Sato-sensei, das hatte schon was vom Betreten der berühmten Höhle des Löwen. Eingehüllt vom Pfeifenrauch saß er hinter seinem überladenen Schreibtisch, fragte nach dem Namen und wühlte sich raschelnd durch den Papierberg. Qualvolle Minuten verstrichen, nochmals Namen und absolviertes Seminar angeben und dann endlich folgte das beinahe feierliche Überreichen des Scheins. Ein Danke und Auf Wiedersehen, erst draußen vor der Tür erlaubte ich mir den Blick aufs Ergebnis und ein erleichtertes Aufseufzen.

Das Tempo an der Bonner Uni war nicht gerade gemütlich. „Lernen bis der Arzt kommt", so formulierte es mal ein Leidensgenosse. Dabei ist Japanisch an sich ist keine allzu schwere Sprache – wäre man

Koreaner oder doch wenigstens Chinese. Kämpfen Japans Nachbarn entweder mit der Grammatik – Chinesisch ähnelt grammatikalisch eher dem Englischen als dem Japanischen – oder mit der Aussprache – Koreaner können zwischen stimmhaften und stimmlosen Lauten kaum unterscheiden –, führen wir Abendländer mit Schrift, Grammatik und größtmöglichen kulturellen Unterschieden den Sprachenkampf gleich an mehreren Fronten. Einziger Trost: Aussprache und Satzmelodie eignen wir uns recht mühelos an, weil Ersteres kaum Unterschiede zum Deutschen aufweist und Letzteres so gut wie nicht vorhanden ist. Also auch unmusikalische Menschen wie ich haben hier eine gute Chance. Tonlagen, sie spielen im Chinesischen eine so entscheidende Rolle, kann man hier links liegen lassen und sich in Ruhe um die anderen Besonderheiten der Sprache kümmern. Derer gibt es mehr als genug.

Fangen wir beim Schriftbild an. Verdrängen wir ganz schnell die inneren Bilder billig bedruckter Bettwäsche, Wandaufkleber oder gar misslungener Tattoos, die angeblich den Namen des Geliebten darstellen, und denken wir stattdessen an sattschwarze Pinselstriche auf schneeweißem Papier. Chinesische Schriftzeichen schrieb man in Japan seit dem fünften Jahrhundert, ein eigenes Schreibsystem gab es damals nicht. Die Adaption der chinesischen Logogramme auf die japanische Sprache war allerdings recht ungeeignet, denn Japanisch flektiert Verben und Adverbien, im Chinesischen ändert sich die Wortform nie. Angaben über Fall oder Zeit hängt man an den Wortstamm, den es in Chinesisch ja nicht gibt. Trotzdem musste der gebildete Japaner sich bis zum Zweiten Weltkrieg mit diesen sogenannten Kanbun-Texten[1] plagen, denn alle offiziellen Schriften wurden durch die Jahrhunderte auf Chinesisch geschrieben, aber japanisch gelesen. Haben Kanbun-Texte heute eher historischen Wert, ist das Erlernen der Lesart übrigens weiterhin Pflicht für Oberschüler.

Dabei hatte man schon im zehnten Jahrhundert zwei Silbenschriften von den *Kanji*[2] abgeleitet, um die japanische Silbensprache schriftlich korrekt ausdrücken zu können. Diese drei Schriftsätze bilden heute als Melange das moderne geschriebene Japanisch, in dessen Mittelpunkt die sino-japanischen Schriftzeichen als Bedeutungsträger von Nomen, Verben und Adjektiven stehen. Rein optisch ergibt sich nun eine enge Beziehung zwischen Chinesisch und Japanisch, doch leider hat die Sache mit den adoptierten Kanji einen gewaltigen Pferdefuß: Da ein und dasselbe Zeichen immer wieder neu aus China nach Japan eingeführt wurde, erhielt es je nach Epoche und Ursprungsregion jeweils eine weitere japanische Lesart. Hinzu kommen einige eigens kreierte Zeichen sowie Schriftzeichen, die ihre original chinesische Bedeutung gegen ein schon vorhandenes japanisches Wort eingetauscht haben. Für dieses Durcheinander bezahlen die Japaner heute noch die Quittung: Ein japanisches Schriftzeichen besitzt nicht nur eine festgelegte Lesart, wie es die Chinesen kennen, sondern je nach Textzusammenhang muss der Leser

---

1 Diese Texte sind im klassischen Chinesisch verfasst, die Schriftzeichen selbst waren dem gebildeten japanischen Leser verständlich, nicht jedoch der Satzbau. Die Satzteile ordnete man mit Hilfe von Markierungen beim Lesen in die gewohnte japanischen Reihenfolge.

2 Die sino-japanischen Schriftzeichen nennt man *Kanji*, „Zeichen der Han".

unter mehreren Möglichkeiten die Richtige auswählen. Chinesische Kinder müssen zwar wesentlich mehr als die japanischen 1 945 Standardzeichen lernen, doch dafür verlangen die japanischen Zeichen jeweils mindestens zwei Leseversionen. Das Schriftzeichen für Berg 山 lese ich auf japanisch „yama" und auf sino-japanisch „san", Wasser 水 wird entweder „sui" oder rein japanisch „mizu" gelesen. Nicht nur Ausländer, sondern auch Japaner sind damit manchmal überfordert, insbesondere wenn es um Personennamen geht. Hier besteht eine noch größere Freiheit bei der Lesart und so ist es keinesfalls unhöflich, sich die Aussprache des Namens auf der Visitenkarte erklären zu lassen.

Das Erlernen der beiden Silbenschriften, *Katakana* und *Hiragana*, ist dagegen eine Kleinigkeit. Das kantige Katakana war ursprünglich eine Art Steno der buddhistischen Mönche. Heute schreibt man mit den Katakana Fremdwörter wie *tomato* トマト, ausländische Namen wie *Christine Liew* クリスレイネ・リュウ und gerne auch die Lautmalerei in den Mangaheften. Mit der weiblich runden Silbenschrift Hiragana werden alle grammatikalischen Funktionen ausgedrückt; sie verbinden die Kanji also zu einem korrekten Satz: 私の名前はクリスレイネです。[3]. Hiragana galt anfangs als Schrift der Frauen, besonders die Hofdamen der Heian-Zeit im neunten bis zwölften Jahrhundert pflegten den fließenden Stil der Zeichen, verfeinerten sie zur künstlerisch beeindruckenden Grasschrift und verfassten damit großartige Klassiker der japanischen Literatur.[4]

---

3 Lesung: Watashi no namae wa Christine desu. Übersetzung: Mein Name ist Christine.

4 So das „Genji Monogatari" von Murasaki Shikibu Anfang des zehnten Jahrhunderts.

Getrieben von diesen wunderbaren Vorbildern besuchte ich als frisch gebackene Sprachstudentin an der japanischen Tohoku Universität einen Kalligrafiekurs und beschrieb unzählige hauchdünne Übungsblätter mit dem Schriftzeichen für Herz oder Hand, Anfängerkram also. Ich war stolz auf meine Werke aber Sensei sah in ihnen rein gar nichts und benutzte immer meine Blätter, um den Tuschstein zu reinigen. Das war bitter.

Mein Selbstbewusstsein war in den ersten Monaten in Japan eh angeknackst. Über zwei Jahre intensives Studium in Deutschland schienen rein gar nicht genug, immer und überall machte ich Fehler. Ich beherrschte die zwei Silbenschriften Hiragana und Katakana und auch einen Grundstock an Kanji, den sino-japanischen Schriftzeichen. Trotzdem schrieb jeder Erstklässler besser als ich, denn ich konnte die propere Reihenfolge bei der Strichfolge der Zeichen nicht. In Deutschland mussten wir zügig und im Alleingang die Zeichen lernen und so schluderten wir, um Zeit zu sparen. Naiv dachten wir, es wäre egal, wo und wie man den Stift ansetzt. Lesen ging also einigermaßen, Schreiben war furchtbar. Im meiner Japanischklasse an der Uni war ich die einzige Frau aus dem Westen, die Einzige aus einem Land ohne Schriftzeichen-Hintergrund. Ein älterer Germanistikprofessor wurde zu meinem persönlichen Betreuer erkoren, er sollte meine Lücken schließen. Nun saßen wir einmal die Woche in seinem Büro und plagten uns mit ähnlichen Problemen: Er konnte Deutsch lesen, aber nicht sprechen, und ich konnte Japanisch lesen, brachte aber kaum einen vernünftigen Satz über die Lippen. Kurz, unsere Zusammenarbeit war dem Untergang geweiht. Nach dem zweiten quälenden Treffen fand ich fortan Woche um Woche zum vereinbarten Termin Benachrichtigungen an seiner Tür, dass unsere Stunde ausfalle. Der Professor hatte durch mich einen herben Gesichtsverlust erlitten, ergo verdrängte er meine Existenz schlichtweg.

War von den Lehrern nicht viel Engagement zu erwarten, halfen mir meine Mitschüler weiter. Die Chinesen konnten den Anblick meiner krüppeligen Zeichen wohl nicht mehr ertragen und verordneten mir einen Schreibkurs. Die Koreanerinnen korrigierten meine krummen Sätze und ließen mich Grußformeln wiederholen, bis ich sie reflexartig wiedergeben konnte. Sie trieben mir auch meinen „männlichen" Sprachgebrauch aus. Japanerinnen benutzen grundsätzlich die Verwendung -*masu* und vermeiden die Infinitivform mit dem härteren -*ru*. Sie sprechen von sich selbst als *watashi* oder *atashi*, während Männer gerne *boku* sagen, die wahren Raubeine sogar *ore*, mit einem grollend starken R natürlich. Frauen sollten mit einer hohen Stimme sprechen, das gilt als besonders höflich. Nur wenige Japaner haben eine richtig tiefe Stimme. Sollte doch mal eine durch die Bar oder sonst wo ertönen, sucht man am besten das Weite. Hier ist jemand auf handfesten Streit aus und stimmt sich im Bass darauf ein. Viele junge Japanerinnen brechen bewusst mit diesen Sprechregeln, nicht so die Koreanerinnen, die noch sehr stark auf propere Etikette achten.

Zum Ausgleich für ihr Bemühen, aus mir eine anständig Japanisch sprechende Studentin zu machen, diente ich ihnen als Wörterbuch bei Deutsch und Englisch, denn eine weitere Fremdsprache war für uns alle Pflicht. Als Deutsche konnte ich nur Englisch wählen. Zum Unterricht musste ich nicht, doch die Prüfungen blieben mir nicht erspart. Die waren für mich jedes Mal eine richtige Hürde, nicht wegen mangelnder Englischkenntnisse, sondern weil alle

Fragen zum englischen Text auf Japanisch beantwortet werden mussten. Englisch wurde nicht gesprochen und kaum geschrieben.

Nun hat das japanische Bildungsministerium beschlossen, die Kinder sollen früher mit dem Englischunterricht beginnen. In der vierten Klasse lernen sie unser Alphabet und ab der fünften soll es demnächst verbindlich für alle Englischunterricht geben. Und das vom Klassenlehrer, der bislang von Mathe bis Sport alles an der Grundschule unterrichtet hat. Nun hat man ihm von oben halt auch noch Englischstunden verordnet. Und der, wie es für fast alle Englischlehrer in Japan üblich ist, noch nie in seinem Leben Englisch praktisch angewendet hat. So versucht die Regierung, das miserable Fremdsprachenniveau ihres Volkes mit miserabel vorbereiteten Lehrkräften anzuheben. Die Aussichten auf Erfolg sind wohl eher bescheiden. Dabei wollen alle besser Englisch sprechen. Es ist nicht nur für den Gaijin, also für den Ausländer, entwürdigend, wenn er eine Bank betritt und die Angestellten hinter dem Schalter wie beim Anblick des Belzebuben regelrecht zurückweichen. Nach kurzem kollegialem Gerangel verliert regelmäßig der Jüngste, der sich mir dann zögerlich nähert. Manche verfallen geradezu in Panik, wenn man sie anspricht. „No English!" – dabei hatte ich doch Japanisch geredet!

Es muss tatsächlich was geschehen im Lande Nippons. 130 Millionen Menschen sprechen Japanisch. Es ist trotzdem keine Weltsprache, denn kaum jemand beherrscht sie als Zweitsprache. Zu ihrem eigenen Nutzen müssen Japaner also besser Englisch sprechen. Ich habe Collegestudenten in Englisch unterrichtet, die auf die simpelsten Fragen keine Antwort wussten. Dabei hatten sie sechs Jahre Englisch hinter sich und obendrein wahrscheinlich viele Extrastunden an einer der Nachhilfeschulen, die automatisch jeder Oberschüler besucht. Böse Stimmen behaupten, dass es gerade diese Nachhilfeindustrie sei, die einen verbesserten Fremdsprachenunterricht an den Schulen zu verhindern weiß. Angeblich macht die Branche jährlich über drei Milliarden Euro Gewinn und möchte sich davon nichts nehmen lassen. Das Aushängeschild der Privatinstitute sind ihre *Native Speaker*. Mit dem Unterricht bei Muttersprachlern locken sie die zahlungskräftigen Kunden. Hier, meint der naive Japaner, bekäme er nun korrektes Englisch mit richtigem Akzent serviert. Dumm nur, dass viele Englischlehrer als einzige Qualifikation ihre Muttersprache haben oder noch nicht mal dieses Kriterium erfüllen, sondern nur mit der richtigen Hautfarbe ausgestattet sind. Herrscht bei den privaten Sprachschulen also fröhlicher Misstand, muss die Regierung die Ausbildung ihrer eigenen Lehrkräfte stärker fördern und schlichtweg ihre Prüfungsordnungen ändern. Doch solange die wichtigen Aufnahmeprüfungen der Universitäten nur aus Multiple-Choice-Bögen über kniffelige Grammatik und ungewöhnliche Vokabeln besteht, werden auch die Eltern nicht auf Änderungen im Lehrplan drängen. Im Gegenteil, jede Abweichung von der üblichen Lernroutine wird von ihnen heftig attackiert. Denn: Es verringert die Chancen im landesweiten Wettbewerb um die besten Studienplätze. So werden wir uns auch in den nächsten Jahren mit einem japanischen Englisch herumquälen, das man oftmals erst versteht, wenn man selbst Japanisch kann.

Aber, und dies sei nicht nur der Fairness halber erwähnt, auch wir tun uns im Gegenzug ungewöhnlich schwer mit dem Japanischlernen. Und das hängt nicht allein vom exotischen Schriftbild ab. Spanier lernen schneller Italienisch als Deutsche, da beide Sprachen miteinander verwandt sind. Aus demselben Grund fällt es uns leichter, Englisch zu beherrschen als unseren französischen Nachbarn. Japanisch ist hingegen ein Waisenkind in der weltweiten Sprachfamilie, es hat schlichtweg keine Verwandten. Auch über seine Ahnen ist man alles andere als sicher, wahrscheinlich gehört es wie Türkisch und Mongolisch zu den Altaisprachen, aber für eine Festigung dieser These gibt es zu viele Ausnahmen. Japanisch und Koreanisch haben im Satzbau Parallelen, die darauf hindeuten, dass beide Sprachen sich möglicherweise seit der Steinzeit auseinanderentwickelt haben. Auch beim Wortschatz finden sich zahlreiche Gemeinsamkeiten, die sich allerdings beim näheren Hinschauen als Lehnworte aus dem Chinesischen entpuppen.

Doch so recht voran will es mit der Sprachforschung auf beiden Seiten der Japan-See oder dem Ostmeer, wie die Koreaner die Wasserstraße zwischen dem Festland und Japan nennen, nicht. Wie eh und je haben Vermutungen um gemeinsame Wurzeln beider Länder eine brisant politische Dimension, an der sich kein Wissenschaftler die Finger verbrennen will.

Emsiger wird inzwischen bei den japanischen Dialekten geforscht. Jahrhunderte sprach das Volk in den abgelegenen Regionen nur Mundart, man kam ja auch kaum raus aus dem eigenen Tal. Erste schriftliche Belege für japanische Dialekte verdanken wir ausgerechnet dem Missionseifers der Portugiesen, von ihnen stammen die ältesten Schriftsätze zahlreicher südlicher Dialekte aus dem frühen 17. Jahrhundert. Die Jesuiten wollten den einfachen Menschen ihren Glauben näherbringen und schauten ihnen dafür intensiv aufs Maul, wie man so schön sagt. Die Gebildeten in den Städten schrieben klassisches Japanisch mit vorwiegend chinesischen Zeichen und prägten Inseln des guten Tons, die sich je nach Machthaber verlagerten. Damals war gerade unter den Herrschenden der Dialekt der Kinki-Region um Nagoya en vogue. Stammten doch die führenden Familien seit dem 14. Jahrhunderts aus jener Gegend. Mit der Verlagerung des Machtzentrums nach Edo, dem heutigen Tokyo, gewann der Edo-Dialekt an Stärke bis er offiziell unter Kaiser Meiji zum Standard-Japanisch erhoben wurde. Ein waschechtes Edokko, ein Kind Edos, durfte fortan sprechen, wie ihm der Schnabel gewachsen war. Für alle anderen kleinen Japaner brachen harte Zeiten an.

Wer in der Schule Dialekt sprach, wurde hart bestraft. Mit Gewalt sollte in der ersten Hälfte des 20. Jahrhunderts die sprachliche Vielfalt des Landes gebrochen werden. Weder auf den Ryukyu-Inseln durfte der übliche Dialekt[5] gesprochen werden noch später im besetzten Korea Koreanisch. Ein Untertan des japanischen Kaisers hatte immer und überall das Japanisch der Kanto-Region zu sprechen. Erst mit den Achtzigerjahren erwachte erneut der Lokalstolz und mittlerweile gilt es als schick, dialektgefärbtes Japanisch zu sprechen. Nur die Kansai-Region um Osaka und Kyoto schert sich nicht um diesen Trend, das hat sie gar nicht nötig. Hier haben sich die Leute eh noch nie um die Anordnungen Tokyos gekümmert und munter im Dialekt geplaudert. Heute finden hier sogar Kurse statt, um Zugezogenen den Einstieg in Kansai-Ben, den Dialekt der Region, zu erleichtern.

---

5 Ob nun japanischer Dialekt oder eigenständige Sprache, der Diskurs über den Ryukyu-Dialekt ist nicht abgeschlossen.

Der Rest Japans schaut ein bisschen neidisch auf die Starrköpfigkeit von Osaka, für die meisten anderen Gebiete kommt der Boom zu spät.

Auf den südlichen Ryukyu-Inseln um Okinawa sprechen immerhin noch knapp eine Millionen Menschen einen der zahlreichen alten Dialekte. Für den Norden des Landes droht dem Dialekt das Aus. Die Sprache der Ainu, Japans Ureinwohner, wurde 2007 auf Hokkaido nur noch von weniger als zehn Personen gesprochen und gilt daher als unrettbar. Wie Japanisch ist Ainu ebenfalls mit keiner anderen Sprache verwandt, das Ainu auf den Kurilen und Sachalin gilt schon als ausgelöscht. Heute erinnern nur noch Orts- und Personennamen im nördlichen Honshu und auf Hokkaido an die Ainu-Wurzeln.

Sprechen viele Japaner aktiv keinen Dialekt mehr, ist ihr Sprachgebrauch natürlich lokal eingefärbt. Als wir nach zehn Jahren in der nördlichen Tohoku-Region in die Kanto-Region zogen, verstand ich erst mal gar nichts. Alle Leute redeten so schnell, ich kam gar nicht mit. Die Sätze endeten auf lang gezogenem e, die Silben *hi* und *shi* klangen gleich und McDonald's hieß auf einmal MacDo. Nicht lange und ich fand heraus, dass die Menschen aus dem Norden als mundfaul und langsam galten. Gegen dieses Image hatte ich nichts einzuwenden, war es doch ideal für Sprachanfänger!

Dialekt oder Standard, Japanisch ist eine sogenannte agglutierende Sprache, die Angaben über Zeit, Kasus oder Verneinung an den Wortstamm anhängt und keinen Unterschied zwischen Ein- oder Mehrzahl macht. Hinzu kommt, dass das Verb oder Prädikat am Satzende nach dem Objekt steht. Sagen wir zum Beispiel *Ich lese die Zeitung* wird daraus in der japanischen Satzstellung *Ich Zeitung lesen* oder *Ich Zei-*

tung lesen wollen nicht. Das westliche Gehirn braucht eine ganze Weile, bis es sich an dieses Schema gewöhnt hat, und auch das Übersetzen ist bei dieser gegenläufigen Struktur eine mühselige Sache. Hinzu kommt, dass man gerne das Subjekt unter den Tisch fallen lässt. Bei uns gibt die Verbform noch Hinweise (*Kommst mit?*) doch das japanische Verb wird hier nicht flektiert, der eindeutige Bezug fehlt. *Kuru ka?* kann *Kommt er?* Oder *Kommst du?* heißen und verwirrt anfangs sehr. Ungern wird das Gegenüber direkt angesprochen, das gilt als ganz besonders unhöflich. *Wie geht es Ihnen?* muss im Japanischen allein mit *Geht gut?* auskommen: *O-Genki desu ka.*

So weit, so erlernbar, möchte man meinen. Wären Japaner nur nicht so verzwickt höflich! Denn wer auch nur einen Schritt aus dem Anfängerstadium heraus ist, steigt gleich in das komplizierte Netz des *Keigo,* der japanischen Höflichkeitssprache, ein. Keigo drückt die gesellschaftliche Position der Sprecher aus: Wie hoch ist mein Rang, oder steht mein Gesprächspartner gar über mir? Ist er mein ehemaliger Lehrer, mein Nachbar oder etwa ein entfernter Verwandter? Dies alles klärt bei der ersten Begegnung die Visitenkarte, tastende Fragen nach Herkunft und wohlmöglich gemeinsamen Bekannten. Erste Orientierung bietet das jeweilige Alter, Senioren behandelt man grundsätzlich höflich. Alle anderen beginnen mit neutral-höflichen Formen wie der Anrede mit dem Namensanhang *-san.* Kunden oder Ehrengäste erhalten ein *-sama* an den Namen (Ehrenwerter Herr Schmidt). Rangniedrigere Menschen, wie Berufsanfänger oder der Professor gegenüber seinen Studenten, werden zu Schmidt-*kun.* Frauen, von Natur aus die höflicheren japanischen Wesen, benutzen Letzteres nur gegenüber kleinen Jungen. Ihnen kommt auch die Anrede mit -*sama* wesentlich leichter über die Lippen als den Herren der Schöpfung. Kleine Mädchen erhalten allesamt den Anhang -*chan*. Ältere Herren benutzen dies auch gern mal vertraut-persönlich gegenüber unverheirateten Kolleginnen. Die erlauben das noch ganz gerne dem feschen Saito-san aus dem Nachbarbüro, verziehen aber beim ergrauten Abteilungsleiter eher das Gesicht. Jemand nur beim Namen zu rufen, degradiert den anderen zum Tier. Die ruft man nur beim Namen, bei Menschen ist das schon eine handfeste Drohgebärde und stellt klar, wer hier das Sagen hat. Sehr beliebt also beim pubertären Machogehabe 15-jähriger Oberschüler.

Hebe ich im Zweifelsfall mein Gegenüber leicht in den Himmel, muss ich mich selbst immer schön klein halten. Ich stelle mich selbst nur mit Namen vor, „Ich bin Frau Liew" geht nicht, wie kann ich mir selbst einen Titel zubilligen? Die angemessene Wortwahl umfasst auch meine Familie, Ehepartner auf gleicher Augenhöhe, auch wenn das rangmäßig nur knapp über dem Fußboden sein sollte. Die eigene Ehefrau heißt dann *Kanai* (die im Haus), die Frau des Kollegen *Oku-san* (Dame des Inneren) und die des Chefs sogar *Oku-sama* (Ehrenwerte Dame des Inneren). Trinke ich einen Reiswein, ist das schlicht *Sake*, trinkt der Gast einen Schluck, nimmt er den ehrenwerten Reiswein *O-sake* zu sich. Die Silben *O* oder *Go* werten jedweden Gegenstand auf, doch für mich niedriges Wesen und meine niedrige Familie darf ich sie nicht benutzen. Nun ist es nur logisch, dass es für Handlungen wie dem simplen Essen, Schlafen, Besuchen, Kommen und Gehen ebenfalls je nach Rang ganz besondere Ausdrücke gibt. Rede ich also mit dem wichtigen Kunden über einen rangniedrigeren Angestellten meiner Firma oder mit dem Lehrer über mein ungezogenes Kind, muss ich immer schön zwischen Bezeichnung der jeweiligen Person und meiner Wortwahl je nach Rang gegenüber dieser Person wechseln. Dafür gibt es Grundregeln, doch es braucht auch eine Portion Intuition, um die feinen gesellschaftlichen Verflechtungen zu durchschauen und die Spielregeln korrekt umzusetzen.

Um die Gruppenkonstellationen offenzulegen, gibt es nicht nur die berühmte Visitenkarte, sondern auch der Schrecken jeder neuen Runde: *Jikoshokai*[6]. Jeder erzählt locker oder förmlich ein paar Worte über sich selbst, möglichst wie dumm man sei und wie dankbar, dass die anderen einen trotzdem dabei haben wollen. Die anderen murmeln dann Zustimmung und sind erfreut über so viel Demut des Neuen. Ein alt bekanntes Ritual, das die kleinen Japaner schon früh einüben und das jedem Ausländer den Angstschweiß ausbrechen lässt. Hat man uns nicht immer beigebracht, stolz auf Leistung zu sein und eigene Pluspunkte hervorzuheben? Es braucht seine Zeit, bis man ungefähr einschätzen kann, wie man seine guten Seiten in negativer Verpackung dem Publikum vermitteln kann. Das Ungesagte wiegt letztendlich so viel mehr als das Gesagte, das macht Japanisch zu einer besonders spannenden Sprache.

Wo wir schweigen, reden Japaner wiederum recht gerne. Hält der Eine einen längeren Monolog, wirft der Andere murmelnd Allerweltsbemerkungen wie „ach, ja?!", „so, so" oder „tatsächlich?" ein. Diese Technik heißt *Azuchi* und bestätigt dem Redner: ‚Ich höre dir aufmerksam zu, rede nur weiter!'. Das gilt auch fürs Telefonieren, immer wieder ruft man lautstark ein „Hai" in den Hörer, so weiß die ande-

---

6   *Jikoshokai*, übersetzt: Selbstvorstellung. Gibt es in jeder neuen Runde, ob nun beruflich oder privat.

re Seite, dass ich noch dran bin. Ich war am Ende richtig gut darin, sogar das automatische Verbeugen zum Abschluss eines Telefonats hatte ich mir letztendlich angewöhnt. Spreche ich heute mit Japanern am Telefon, nicke ich weiterhin brav mit dem Kopf, auch wenn mich niemand sehen kann. Immerhin beherrschte ich mich bei den sich fleißig verbeugenden Automatenmännchen der Bank oder der Getränkeautomaten, sie bekamen zum Dank von mir keine Verbeugung. Doch ein gemurmeltes *Dōmo* (Danke) habe ich ihnen immer gegönnt.

Ketchupherzen und Zauberkaffee

„Electric Town Akihabara" – auch ohne den Wegweiser hätte ich den richtigen Ausgang vom Bahnhof gefunden, der Menschenstrom spukt mich zuverlässig an der großen Kreuzung auf Akihabaras Westseite aus. Dies ist das Tokyo unzähliger Reiseführer: grell, bunt und chaotisch! Über mir die düsteren Trassen der Eisenbahn, Neonschriftzüge bedecken kreuz und quer sämtliche Hauswände, plakative Manga-Heroinen in Riesenformat sehen lächelnd auf mich herab. Imposante Niederlassungen der Elektrohandelsketten locken mit den neuesten Produkten der Branche. Gleich daneben öffnen sich tunnelartige Labyrinthe mit winzigen Läden. Wie Waben eines Konsum-Bienenstocks ziehen sie sich über mehrere Stockwerke, Käufer und Verkäufer umschwirren die gläsernen Vitrinen der Sammlermärkte in ihrer fensterlosen Innenwelt. Von Schlümpfen bis zu nackerten Schulmädchenfiguren warten die seltsamsten Plastikobjekte auf einen neuen Liebhaber. Und derer gibt es hier viele.

Lange Zeit war Akihabara allein für die Vielfalt seiner Elektrogeschäfte bekannt. Der Aufstieg des Viertels begann mit dem Schrott, den amerikanische Besatzungssoldaten hinterließen, aus denen die Jungs der nahen Berufsschule ihre ersten Radios bastelten und sie gleich an Ort und Stelle zum Verkauf anboten. Mit dem Wirtschaftsaufschwung folgten dann immer mehr Läden für Haushaltswaren jeglicher Art, nur einen Stecker mussten sie haben. Hier kauften die Hauptstädter ihre Toaster und Waschmaschinen. Erst mit dem Aufkommen von Spielkonsolen und Softwareläden Ende der Achtzigerjahre verwandelte sich die gute alte *Electric Town* in ein Paradies für Gamer und Anime-Fans. Das Viertel wurde zum Anziehungspunkt einer ganz bestimmten, etwas verschrobenen Klientel von Computerfans. Der Stamm der eigenbrötlerischen *Otakus*, der sogenannte *Akiba-kei*[1], fand hier seine Heimat.

Als Otaku bezeichnet man vor allem Männer, deren Interessen sich allein um ein Thema drehen, dies ist meist die Welt der Manga und Anime, des Cosplays oder der Computerspiele. Die Bezeichnung Otaku entspricht am ehestem dem englischen Wort „Nerd", obsessive deutsche Modelleisenbahner sind als Beispiel allerdings auch nicht schlecht. Wer ihre Leidenschaft teilt, ist für Stunden begeistert, die anderen schauen längst gelangweilt aus dem Fenster.

Herr Kawami ist so ein Otaku. Er liebt Anime und hat an sich nichts gegen die Bezeichnung Anime-Otaku, wie ja auch eingefleischte Computerfans sich selbstironisch als Nerds bezeichnen. Noch lieber sieht er sich als *Maniakku*, also Maniac oder fanatischer Fan. Das klingt im Japanischen harmloser als der Name Otaku, bei dem viele Japaner immer noch eine Gänsehaut bekommen. Das haben sie Miyazaki Tsutomu zu verdanken, der Ende der Achtzigerjahre in der Präfektur Saitama vier kleine Mädchen ermordete und ihre Familien zudem noch bitterlich verhöhnte. Miyasaki hatte sich in einer Welt aus Zeichentrickfilmen und Gewaltspielen verloren, die Presse verlieh ihm den Spitznamen Otaku-Mörder und stilisierte ihn zur Symbolfigur hochgradig gefährlicher Einzelgänger. Die Öffentlichkeit begegnete auf Jahre auch dem harmlosesten Anime- und Computerfreak mit Misstrauen. Für die stillen Liebhaber der gezeichneten Fan-

---

1   Akiba ist die gängige Abkürzung für Akihabara.

tasiewelten begann ein Teufelskreis aus Verachtung und selbst gewählter Isolation. Einige wenige endeten als sogenannte *Hikikomori*: Menschen, die sich in ihre alten Kinderzimmer zurückziehen, nur des Nachts zur Nahrungsaufnahme in die Küche schleichen und radikal jegliche sozialen Kontakte abbrechen. Immerhin hat man mittlerweile erkannt, dass sie keine Spinnerten sind, und betreut betroffene Familien mit Sorgfalt. Das Gros der arglosen Otakus bemüht sich heute tapfer, der Öffentlichkeit sein freundliches, wenn auch extrem schüchternes Gesicht zu zeigen.

So auch der nette Herr Kawami. Er ist Anfang dreißig, von Beruf Manager eines Manga-Cafés und ehrenamtliches Mitglied im Akihabara-Bezirkskomitee. Das Komitee ist verantwortlich für gute Nachbarschaftsbeziehungen und ein sauberes Image des Viertels. Trotz seiner vielen Kontakte hatte er noch nie in seinem Leben eine Freundin. „Natürlich möchte ich auch mal so richtig verliebt sein", lächelt er zaghaft. „Oft sehe ich Frauen, die mir gefallen. Dann stelle ich mir vor, wie sie mich ansprechen." Er selbst würde es nie übers Herz bringen, den ersten Schritt zu machen. Dabei ist Herr Kawami ein sympathischer Kerl. So ein Typ rundlicher Teddybär, an den man sich gut ankuscheln könnte, der aber auch furchtbar unauffällig wirkt und die Damenwelt kaum zur Offensive hinreißt. Um von diesem leidigen Thema abzulenken, zeigt Herr Kawami uns seine Schätze. Die verwahrt er sorgfältig in einem Schrank in seiner klitzekleinen Wohnung mitten im geliebten Akiba. Es sind überlebensgroße Werbepappfiguren seiner Lieblings-Mangamädchen. „Die habe ich vom Trödelmarkt und trotzdem hat mich jede Figur rund 50 000 Yen (etwa 400 Euro) gekostet." Auf der Rückseite sind die Pappmädels schon arg geflickt, vorsichtig legt Herr Kawami sie aufs Bett und sich gleich dazu. Auf die Frage, wie viel er denn schon in sein Hobby investiert habe, meint er nach einem prüfenden Blick durch seine vollgestopfte Wohnung: „Na, so zwei Neuwagen hätte ich mir von dem Geld wohl schon leisten können." Ob er das alles für eine Frau aufgeben würde?, frage ich ihn. Treuherzig schaut er mich an und murmelt eine unbestimmte Antwort. Wohl nicht, denke ich.

Immerhin hofft Herr Kawami noch auf seine Traumfrau. Nicht so wie Herr Shibata, der ein Hentai-Otaku ist. Er sammelt Love Dolls, und das ist, wie man es auch betrachtet, *hentai*, nun ja, ein wenig pervers. Love Doll hört sich zwar netter an als Sexpuppe, täuscht aber nicht über gewisse Qualitäten der lebensgroßen Figuren hinweg. Was ich aber mit dem 48-jährigen Physiker gar nicht so genau erörtern will. „Frauen enttäuschen dich. Sie betrügen dich und nutzen dich aus. Meine Frauen aber sind nur für mich da." Und so teilt er sich sein Apartment mit einem Dutzend adrett gekleideter Silikondamen, setzt sie im Turnus an den Esstisch und genießt in ihrer Gesellschaft seine Mahlzeiten.

Herr Kawami möchte lieber mit einer richtigen Frau Tisch und Bett teilen und so streift er weiterhin durch die Gassen von Akihabara. Männer wie er mit weißen Turnschuhen, taillenbetonter Jeans und wohlmöglich noch einem Rucksack mit viel zu kurzen Trägerriemen prägen hier das Straßenbild. Halten sie auch ständig intensiven Blickkontakt mit dem Asphalt, stoßen einige von ihnen bei Frauen tatsächlich auf Interesse. Diesen Umschwung haben die Eigenbrötler einem Buch zu verdanken. Durch die Erzählung „Densha Otoko"[2] (2004) von Nakano Hitori war Akihabara plötzlich auch für Frauen jenseits der 15

---

2   Deutsche Übersetzung: Train Man, Carlsen Verlag 2007.

eine Reise wert. In der Geschichte springt ein typischer, in sich gekehrter Otaku über seinen Schatten und beschützt eine Frau im Zug vor einem betrunkenen Rüpel. Wie es sich in Japan gehört, bedankt sie sich später mit Brief und Geschenk. Wie reagieren? In seiner Unsicherheit wendet „Train" sich ans Internet und erhält die Ratschläge unzähliger Menschen. Am Ende bekommt er die schöne Unbekannte und hat obendrein die Verwandlung vom Geek in einen ansehnlichen jungen Mann geschafft. Der besondere Reiz der Geschichte? Sie begann als Thread im Internet. Es wurde nie geklärt, ob die Story Erfindung oder Realität ist. Der authentische Stil des Buches, das Mitfiebern der vielen Forenbesucher und die Anstrengungen des Otaku, wieder Anschluss ans normale Leben zu gewinnen, machten das Buch in kurzer Zeit zum Bestseller. Und verhalfen Akihabara mitsamt seiner Otaku-Population – von den landesweit 100 000 Otakus lebt immerhin ein Viertel in Tokyo – zu neuer Attraktivität.

Es ist kein Zufall, dass ausgerechnet dieses Stadtviertel ein weiteres japanisches Kuriosum hervorgebracht hat. Maid Cafés sind das neueste Teilchen in der innigen Symbiose zwischen Anime, Manga, Otaku und Cosplay. Cosplay ist eine Art ernsthaft betriebener Karneval rund ums Jahr, allerdings beschränkt auf Hardcorefans, die sich in Figuren aus Comicheft und Zeichentrickfilm verwandeln. Das Mekka der zumeist weiblichen Cosplayer liegt in Harajuku, Akihabara bietet den männlichen Fans in Maid Cafés eine ganz besondere Art der Begegnung, für die sich nur wenige weibliche Gäste erwärmen können.
Schon an der Eingangstür begrüßen kulleräugige Hostessen im Alice-im-Wunderland-Kostüm

die Männer mit einem unterwürfigen „Willkommen daheim, mein Gebieter!" (*Goshūjin-sama, o-kaerinasaimase!*), geleiten sie an ihren Platz und lassen sie bis zum Abschied keine Minute allein. In dieser kleinen Welt zwischen Fantasie und Realität sitzen die zu Mensch gewordenen Trickfilmfiguren scheinbar leibhaftig ihren Fans gegenüber und verwöhnen sie nach Strich und Faden. Der Gast übernimmt in diesem Spiel den Part des Herrn und Meisters. Kaffee umrühren? Nicht nötig, das macht die junge Dame für ihn. Das bestellte Omelett wird mit Ketchupherzchen verziert, dann folgt noch ein köstlicher Zauberspruch und nun darf zugelangt werden. Während des Essens wird munter Konversation betrieben, dabei achtet die Kellnerin im Kostüm sorgfältig darauf, nicht aus ihrer Rolle einer bestimmten Anime-Heroine zu fallen. Sie redet mit piepsiger Stimme und findet auf alles, was der Gast so von sich gibt, bewundernde Worte. Wenn er Glück hat, lockt sie ihn noch auf die kleine Bühne, und gemeinsam singen sie ein Lied oder spielen einfache Spiele. Oben leuchtet die Diskokugel, unten steht der Gast mit Hasenohren und klatscht etwas verlegen in die Hände. Spätestens jetzt wünscht sich jeder Durchschnittsmensch einen richtigen Zauberspruch, um flugs zu verschwinden. Nicht so die jungen Männer mit den auffallend altmodischen Haarschnitten. Sie genießen die kurze Zeit intensiver weiblicher Aufmerksamkeit. Bevor es wieder in die Wirklichkeit hinausgeht, wird gegen Aufpreis noch mit der Polaroid ein Erinnerungsfoto gemacht, mit Glitzerstift verziert und das war's dann auch. Auf die *Meedo* (Maid) wartet schon der nächste Gast, und alles beginnt von Neuem.
Vor der nächsten Runde darf ich Musubi und Uno, zwei Hostessen im größten Maid-Café in Akihaba-

ra, ein paar Fragen unter der strengen Aufsicht der Managerin stellen. Die Mädchen sehen sich zum Verwechseln ähnlich.

Beide haben ihr Haar hellbraun getönt, beide tragen die gleiche Uniform mit Häubchen und Rüschenschürze. Sie unterscheiden sich nur in der Farbe ihrer vielen glitzernden Anhänger. Musubi liebt alles in kräftigem Pink, bis hin zu den Fingernägeln bleibt sie ihrer Farbe treu. Die Anfängerin Uno – bei ihr herrscht Babyblau als Farbe vor – ist ihrer „großen Schwester" zur Seite gestellt worden. „In etwa drei Monaten darf ich alleine Gäste betreuen", freut sich Uno. Bis dahin gibt es allerdings einen geringeren Lohn und von der Managerin immer wieder die Ermahnung, zu lächeln und die Hände korrekt vor dem Körper zu halten. Ihr Alter ist schwer zu ergründen, auf die entsprechende Frage antworten beide wie aus der Pistole geschossen: „Forever 17!" So wollen es zumindest die Männer glauben, und das genügt.

„Wir mussten uns gegen 50 Mitbewerberinnen durchsetzen", erzählen Musubi und Uno und strahlen beide übers Gesicht. Die Bezahlung ist für eine junge Frau ohne Ausbildung recht ordentlich, sie verdienen knapp zehn Euro pro Stunde. „Unser Café zahlt uns zum Glück noch Kleidergeld, Verpflegung und die Fahrtkosten", berichtet Veteranin Musubi. „Früher war das überall so, heute machen das nur noch die erfolgreichen Cafés." Treuherzig erzählen beide, dass sie auch in ihrer Freizeit kurze Kleider mit Puffärmeln tragen. Seit ihrer Kleinmädchenzeit lieben sie Manga und Anime und wollten schon immer Teil dieser Traumwelt sein. Klein sind sie immer noch, kaum ein Mädchen in den Cafés ist größer als 1,50 Meter. Große Frauen sind nicht *kawaaii* (niedlich) und damit nicht zu gebrauchen.

Eine Etage tiefer tauchen wir ein in die Welt Japans zwischen den Weltkriegen. Hier tragen die Mädels mit nostalgischen Vornamen wie Hana oder Mie extrem kurze Kimonos, hohe Absätze mit bis über die Knie reichenden Strümpfen und langes offenes Haar im Stil der ersten japanischen Studentinnen. Die Gäste sitzen an niedrigen Tischen und auf der Speisekarte finden sich nur Gerichte, die an die „gute alte Zeit" erinnern, wie Reisklößchen mit süßen roten Bohnen. Hier findet man endgültig keine weiblichen Gäste mehr, die Männer bleiben unter sich.

Um konkurrenzfähig zu bleiben, muss das Management sich ständig etwas Neues einfallen lassen. So kann der Gast Fußmassagen, Entschlackungskuren und andere Gesundheitseinheiten buchen. Sogar ein romantisches Date mit der bevorzugten Maid ist möglich. Andere Maid Cafés bieten jüngere zickige „Schwestern", die mit der Zeit freundlicher werden (sogenannte *Tsunderekko*), andere haben Politessen im Programm oder spielen (für Männerfantasien) interessante Büroszenarien durch. Kurz, was erträumt wird, ist auch machbar!

So ganz ungefährlich ist das Spiel mit der Fantasie einsamer Otaku-Männer jedoch nicht. Obwohl Musubi und Uno angeblich noch nie Erfahrungen mit Stalkern oder anderen unangenehmen Zeitgenossen gemacht haben, hält das Management strikt an der Geheimhaltung ihrer persönlichen Daten fest. Gäste dürfen nicht nach Telefonnummer oder Mailadresse fragen. Ebenso wird darauf geachtet, dass sich nach Dienstschluss niemand am Ausgang herumtreibt. Wann welche Maid Dienst hat, wird erst am selben Tag bekannt gegeben. Oben in den hellen Räumen des Anime-Cafés scheinen diese strikten Regeln überflüssig. Inmitten des überwältigenden Kleinmädchen-Kitsches herrscht eine harmlose, typisch japanisch fröhlich-verspielte Stimmung. Dagegen empfinde ich die Atmosphäre im Maid-Café der Dreißigerjahre als unangenehm angespannt. Die Männer weichen meinen Blicken aus, sie wollen hier nicht gesehen werden. Die Mädchen sitzen für meinen Geschmack zu dicht bei ihnen und tragen zu wenig Kleidung. Ich erhalte Fotografierverbot und bin erleichtert, nach kurzer Zeit verabschiedet zu werden.

Draußen auf der Straße spricht Herr Kawami eine Maid an, die hier neue Kundschaft werben soll. Locker und routiniert spult er sein Sprüchlein als Vertreter des Bezirkskomitees ab, bittet um Einhaltung der Regeln beim Werben auf der Straße und ist gar nicht so schüchtern. „Das ist ja auch ein Teil meiner Arbeit im Komitee", lacht er. „Manchmal besuche ich auch die Maid-Cafés. Die Maids sind alle wirklich niedlich und es macht mir Spaß, mit ihnen für kurze Zeit so zu tun, als ob mein Lieblings-Animefilm lebendig geworden ist. Dann fällt mir das Reden auch nicht so schwer. Aber eigentlich suche ich ja eine richtige Frau! Daher versuche ich auch, in ganz normale Lokale zu gehen."

Der Love-Doll-Sammler Herr Shibata meidet sie alle, normale Bars und auch die Maid-Cafés. Für ihn sind die jungen Frauen noch viel zu real, und mit der Realität hat er bei Frauen bekanntlich abgeschlossen. Der Otaku und die Maid – im Alltag wird daraus wohl nie ein Paar.

Perlenmädchen

Es ist Herbst und damit Seegurkensaison, die geschäftigste Zeit des Jahres in den Küstendörfern der Halbinsel Ise. Jetzt am Vormittag sollten alle Frauen draußen im Wasser sein und die trägen Riesenwürmer vom Meeresboden sammeln. Im Winter folgt Seetang und ab März beginnt die Abalonen-Zeit. Diese Muscheln sind gewöhnlich das einträglichste Geschäft der japanischen Küstentaucherinnen. Doch heute spielt das Wetter nicht mit. Es ist ein düsterer Regentag, die See hat die Farbe stumpfen Stahls angenommen, Gischt tanzt auf den Wellen. Die rote Fahne am Hafen signalisiert striktes Tauchverbot. Die Perlenmädchen, oder wortwörtlich übersetzt: Meerfrauen (*Ama*)[1], wie sich die professionellen Taucherinnen nennen, werden heute keine fangfrische Ware mehr zum Markt bringen. Das ist schlecht für die Hausfrauen der Umgebung, aber gut für mich, so haben die Frauen Muße für einen ausgiebigen Schwatz.

Traditionelle Taucherinnen finden sich westlich von Tokyo auf der Halbinsel Ise bis hinunter ins südliche Okinawa. Bevor Kikochi Mikimoto ein Verfahren zur künstlichen Perlenzucht entwickelte, waren es ausschließlich die Ama, welche die weltweit berühmten Perlen Japans sammelten. Heutzutage finden die Frauen nur sehr selten Perlen. Sie sind ganz zum Ursprung ihrer Arbeit zurückgekehrt, dem

---

1   Die japanische Bezeichnung *Ama* wird mit den Schriftzeichen für Meer und Frau geschrieben. Ich habe mir die Freiheit genommen, sie ein wenig poetischer zu übersetzen.

Sammeln von Meeresfrüchten. Ihre Arbeit zählt zu den typisch japanischen Handwerksberufen, denen Japaner generell besonders viel Hochachtung entgegenbringen. Die schlichte Schutzhütte, die ich an diesem Morgen an der Toba-Bucht besuche, scheint sich mit ihrem herben Rohbaustil perfekt in die düstere Landschaft einzufügen. Noch mehr grau, denke ich etwas entmutigt und steige aus dem Auto hinaus in den Regen. Sofort steht eine ältere Dame ganz in Weiß neben mir und hält schützend einen Schirm über mich. „Das Wetter ist aber auch wirklich scheußlich heute! Kommen Sie schnell herein, hier ist es warm!" Sie zieht mich Richtung Hütte. Durch geöffnete Fenster zieht Rauch ins Freie, an der Tür schlägt mir die trockene Wärme einer Feuerstelle entgegen. Abalone und Kreiselschnecken liegen auf einem Rost und verbreiten einen herben Duft, um den Herd hocken fröhlich schwatzend Taucherinnen. Hier ist es ja richtig gemütlich!, denke ich und vergesse augenblicklich die trübe Stimmung vor der Tür. Meine Dame in Weiß dirigiert mich ans hintere Ende des Raumes an einen einfachen Tisch mit Blick aufs Meer. Ziemlich schnell wird mir klar, dass sie hier die Chefin ist. „Vor sechs Jahren habe ich diese Hütte bauen lassen", erzählt Reiko Nomura, 80 Jahre alt und seit 63 Jahren Taucherin von Beruf. „Seitdem empfangen wir hier hin und wieder Besucher und schildern ihnen unseren Alltag."
Der beginnt gewöhnlich gegen 5:30 Uhr, der erste gemeinsame Tauchgang folgt um 7 Uhr, am späten Vormittag endet die erste Einheit. Bei jedem Tauchgang bleiben die Frauen für knapp eine Minute unter Wasser und sammeln je nach Saison ausgewählte Meeresfrüchte. Dieser Vorgang wiederholt sich über Stunden. Nach einer ausgiebigen Mittagspause geht es zum Verkauf auf den Markt. In der Abalo-

nen-Saison können bei zwei bis drei Stunden Tauchen schon mal umgerechnet 400 Euro Umsatz gemacht werden, ein durchaus einträgliches Geschäft. Die jüngeren Frauen kehren am Nachmittag für eine zweite und kürzere Tauchphase an den Strand zurück. Die Seniorinnen der Gruppe – von den zehn Taucherinnen ist die Älteste weit über 80, das jüngste Mitglied hingegen gerade volljährig geworden – kehren jedoch heim und kümmern sich um Feldarbeit und Haushalt.

Das Tauchen nach Meeresfrüchten ist für die Frauen japanischer Fischerdörfer seit der Jungsteinzeit Alltag. Bevorzugte Sammelgebiete sind die zahlreichen Buchten des Archipels, die ruhigen Gewässer bieten eine größere Sicherheit als die offene See. „Andere Ama fahren mit dem Boot hinaus und arbeiten gemeinsam mit ihren Männern. Wir Küstentaucherinnen schwimmen direkt vom Strand ungefähr 500 Meter weit raus und sammeln dort." Dabei tauchen die Frauen weiterhin ohne technisches Gerät und verlassen sich ausschließlich auf ihre natürliche Körperkraft und persönliche Erfahrung, ihren schwimmenden Holzbottich und eine Taucherbrille. Absolutes Low-Tech im Mutterland des High-Tech.

Seit einigen Jahren fühlt Reiko sich zu alt für die täglichen Tauchgänge. Sie macht sich zudem Sorgen um den Bestand der Meeresfrüchte. „Manchmal kommen nachts Fremde und sammeln heimlich in unseren Gründen", empört sich Reiko. Piraterie ist nicht nur ein Problem der internationalen Hochseefischerei, sondern auch unter den Küstentaucherinnen bekannt. Verschlimmert wird die Lage durch rücksichtslose Überfischung, denn auch unter den Ama gibt es schwarze Schafe, die sich nicht an den Ehrenkodex halten, sondern mit Sauerstofftanks allzu gründlich den Meeresboden absammeln. Allein im Tauchen nach Muscheln und Schnecken sieht Reiko keine Zukunft mehr. So kam ihr die Geschäftsidee der Bewirtung von zahlenden Gästen. Immer weniger Frauen sind zudem bereit, das harte Leben einer Taucherin zu führen. Mit dem Zusatzgeschäft versucht Reiko nun, den Fischerfrauen in der Küstenregion eine Alternative zum Leben in der Stadt zu bieten. Es scheint ihr zu gelingen, denn noch gibt es keine akuten Nachwuchsprobleme.

Gerne betrachte ich das Gesicht der alten Reiko. Es hat eine besondere Schönheit, das Meer und die Sonne haben sie gezeichnet. Ihre Hände sind rissig von der harten Arbeit im Wasser, Falten durchziehen das dunkle Gesicht. Der blütenweiße zarte Baumwollstoff ihrer Berufskleidung will nicht so recht zu diesem Körper passen, der jahrzehntelang festes Anpacken gewöhnt war. Eine Haube aus Weiß umschließt das Gesicht, die Augen blitzen mir unter tief hängenden Lidern entgegen, Goldkronen setzen ihrem Lächeln kleine Glanzlichter auf. Selbstbewusst und ruhig sitzt das in die Jahre gekommene Perlenmädchen vor mir. Und beginnt, von der Vergangenheit zu sprechen. Mit den heranrollenden Erinnerungen fällt das Alter wie eine Hülle von ihr ab. Sie drückt ihren Rücken durch, ihre Hände gleiten mit ausgreifenden Bewegungen durch die Luft. „Mutter ermahnte uns ständig, dass nur mutige Mädchen einen anständigen Ehemann bekommen würden, und so sind wir mit 15 Jahren das erste Mal zum Tauchen mitgegangen." Anfangs kostete es schon Überwindung, nur mit Taucherbrille und einem Holzbottich erst vier Meter und später sogar bis auf zehn Meter hinunterzutauchen und täglich Dutzende Male den Meeresgrund nach Muscheln und Seeigeln abzusuchen „Fast alle haben wir damals hier an der Küste als Ama gearbeitet. Wer im vertrauten Dorf bleiben wollte, musste also tauchen gehen", erzählt Reiko weiter. Das Meer gab nicht nur, es nahm sich auch regelmäßig ein Opfer. Vielen Frauen wurde ein besonders üppiger Fund zum Verhängnis. Besonders die großen Abalonen brachten ordentlich Geld, da wollte man ungern einige Muscheln zurücklassen und sammelte bisweilen allzu lang. Unterkühlung und tückische Strömungen forderten ebenfalls ihren Tribut. „Zu Beginn des Tauchens sprachen wir Gebete und trugen auf unserer Kleidung Symbole zur Abwehr des Bösen." Das *Seman*, eine Art Davidstern, besteht aus einer Linie, die wieder zum Ausgangspunkt zurückkehrt. Es verspricht der Taucherin eine sichere Heimkehr. Ein weiteres Symbol erinnert an ein Gitter und soll das Böse bei dem Versuch, von der Taucherin Besitz zu ergreifen, verwirren. Früher warf man noch eine Handvoll Reis zur Beruhigung der Seegötter ins Wasser, bevor das Tauchen begann. Doch heute verlassen Reiko und ihre Frauen sich lieber auf die Wettervorhersage der Fischereikooperative und nehmen es mit den Göttern nicht mehr so genau. Nur an hohen Feiertagen und auch an Tagen mit Beerdigung oder Hochzeit wird nicht getaucht, das Schicksal wollen die Frauen nicht unnötig herausfordern.

„Und die anderen Frauen, die ihre Ängste nicht überwinden konnten?", frage ich.

„Die mussten sich ihr Glück in der Stadt suchen", antwortet Reiko ein wenig herablassend und schenkt Tee aus trüb gewordenen Plastikflaschen nach. Männer mit weichen Händen und einem Bürojob, die kamen für Mädchen wie Reiko ganz klar nicht in Frage. Gute Männer waren vom Schlag ihrer Väter und Vorväter: einfache, aber hart arbeitende Fischer. Blieb man als Ehefrau in den kleinen Küstenorten Zentraljapans, war das Leben trotz idealem Ehemann kein Zuckerschlecken. Neben dem Tauchen und Fischen gab es kaum Verdienstmöglichkeiten. Frauen mussten hier schon immer zum Familieneinkommen beitragen, oftmals waren sie die Haupternährer. Das hat sich bis heute kaum geändert. Mit einem Gewinn von durchschnittlich 150 Euro pro Tag lohnt sich das Tauchen nach Seeigeln, Seegurken und anderen Meeresfrüchten in der strukturschwachen Region heute immer noch.

In Reikos Jugend gingen die jungen Ama allesamt für einige Jahre auf Wanderschaft. Vor dem Weltkrieg war auch das von Japan okkupierte Korea ein beliebtes Ziel der Taucherinnen. Nach drei bis vier Jahren Arbeit in der Fremde hatten die jungen Frauen genug verdient, um daheim zu heiraten und einen Haushalt zu gründen. Ganz im Gegenteil zu dem verbreiteten Bild des japanischen Mannes als Familienoberhaupt mit absolutistischen Zügen überlassen die Männer der Küstenregionen ihren Frauen seit Generationen die Ernährerrolle.

Ebenso ungewöhnlich: Bis in die Vierzigerjahre bestritten die Meerfrauen ihre Tauchgänge so gut wie nackt. Im weitaus sittenstrengeren Korea war blanker Busen im wogenden Meer verpönt. Nach dem Weltkrieg tauchten schließlich sämtliche 6 000 Ama der Ise-Halbinsel züchtig in Bluse und Wickelrock. Heute bevorzugen die rund eintausend Taucherinnen schwarzes Gummi. Auch an der Rückwand von Reikos Hütte hängen Neoprenanzüge, nur in manchen Touristenvorführungen tragen die Frauen unpraktisches Weiß, das ihnen durchsichtig an den Körpern klebt und kaum vor Unterkühlung schützt. Das mag bei jungen Frauen reizvoll sein. Doch die alten Damen, die in den Demo-Tauchgängen der Perleninsel Mikimoto ruckzuck Abalonen erbeuten und sich anschließend von ihren Kolleginnen schamhaft schnell in Handtücher wickeln lassen, deprimieren mich. Allzu sehr erinnert die Vorstellung an eine Seehundshow und macht so gar keine Lust auf Perlenkauf. Reiko hätte hier auch arbeiten können, um ihre schwindenden Fänge auszugleichen. Doch sie wollte nicht. „Mir gefällt meine Hütte und der Besuch, der zu uns kommt. Und zum Tauchen komme ich hier ebenfalls." Beim Erzählen wandern ihre Blicke immer wieder durch den Raum, mitten im Redefluss wirft sie ihren jüngeren Kolleginnen Anweisungen und Kommentare zu. Dann nimmt sie den Gesprächsfaden wieder auf und berichtet fröhlich, warum Männer sich nicht zum Tauchen eignen – ihnen fehle das richtige Körperfett –, und weshalb ältere Taucherinnen erfolgreicher seien als die jungen. Langjährige Erfahrung bei der Suche nach den Meerestieren ermöglicht gezielte Tauchgänge und spart so entscheidend an kräftezehrender Tauchzeit. Zum Abschied stellt sie mir noch ihren Sohn im besten Mannesalter vor. Liebevoll ordnet sie ihm das vom Wind zerzauste Haar und nennt ihn „Mein Söhnchen", er lässt es lächelnd geschehen. Bis kurz vor der Niederkunft mit ihrem Jüngsten sei sie noch getaucht. „Und ist er nicht ein Prachtkerl? Er ist übrigens noch nicht verheiratet", blinzelt sie mir zu. Das Prachtexemplar ist leider nicht mehr der Jüngste, weist Bauchansatz und Geheimratsecken auf. Doch welche Mutter stört sich schon daran? Ganz bestimmt nicht eine so selbstbewusste wie die starke Meerfrau Reiko.

Kennst du das Land, wo die Kirschbäume blühen?

„Bring mir doch mal was typisch Japanisches mit!" Es geht mal wieder Richtung Heimat und die Wünsche meiner Lieben sind so schwammig wie eh und je. Besonders soll es sein, originell und doch auf den ersten Blick so richtig japanisch. „Kannst du mir nicht einen echten Kimono besorgen?" Klar, das nächste Mal bringe ich euch einen Kleinwagen von Toyota mit, der Preis dürfte ungefähr gleich sein! Seufzend lege ich den Telefonhörer auf. Ich weiß, am Ende der Ferien geht das Spiel nochmals los, dann renne ich durchs Ländle und suche verzweifelt typisch deutsche Mitbringsel. Auch japanischen Freunde, Nachbarn und Arbeitskollegen wollen bedacht sein.

Ich greife nach Hausschlüssel und Handy und gehe rüber zu Frau Ito. Sie soll während unserer Sommerferien Blumen und Schildkröte versorgen. Meine Nachbarin ist eine lebenslustige und ungewöhnlich rundliche kleine Frau. Wegen ihrer Hartnäckigkeit bin ich nun Mitglied im lokalen Hausfrauenverein und bestelle unsere Lebensmittel gemeinsam mit anderen Familien der Wohnanlage über einen Coop-Lieferservice. Am Anfang unserer Freundschaft sprach sie davon, dass sie mehrere Jahre in der Kansai-Region um Osaka gelebt habe. Sie kenne also das Gefühl von Fremdheit und davor bewahrt sie mich nun regelmäßig allzu gern. Über einem Glas Kräutertee – in den Eiswürfeln hat sie kleine Minzblättchen eingefroren – unterhalten wir uns in ihrem abgedunkelten Wohnzimmer.

„Noch eine Woche und Sie sitzen im Flieger", schwärmt sie. „Ich würde auch so gerne mal nach

Deutschland. Ich habe sogar ein Reisemagazin gekauft!" Etwas verschämt über ihren Eifer holt sie
ein Magazin hervor. Auf dem Cover prangen Neu-
schwanstein, die Bayernfahne und lachende, Bier
trinkende Menschen. Darüber steht in grellen Pin-
selstrichen *Doitsu*, Deutschland. Ich blättere durchs
Heft und murmele Zustimmung. Seite um Seite Aus-
flugstipps und Restaurantvorschläge, Würste, Ha-
xen, Senfgläser. Dazwischen Menschen in Lederhose
und kariertem Hemd, mit einer Brezel in der Hand.
Frau Ito strahlt mich an: „So ein schönes Land! Sie
müssen stolz sein, Deutsche zu sein!"
Was soll ich sagen? Recht hat sie, ich bin Deutsche,
eindeutig. Ist ja schließlich meine Heimat. Aber liebe
Frau Ito, ich bin doch keine Bayerin!, will ich sagen,
kann ich aber nicht. Das wäre entgegen aller Regeln
der Nachbarschaftsharmonie. Also durch die Blume:
„Toll, so ein Dirndl, das möchte ich auch mal tragen.
Und wie wohl so große Brezeln schmecken? Die kenne ich nur als Knabberzeug vorm Fernseher." Frau Ito
schaut ein wenig misstrauisch. Hat das Heft Unrecht
oder bin ich am Ende gar keine richtige Deutsche?
„Ito-san", setze ich an, „natürlich ist das Deutschland.
Genauso wie rosa Kirschblüten, der schneeweiße Fuji
und Damen im bunten Kimono hundertprozentig japanisch sind. Aber das ist doch lange nicht alles."
Während ich von Deutschland erzähle, füllt meine Nachbarin unsere Gläser mit Eistee nach. Meins
ist elegant blass-grün, eindeutig das Besucherglas,
während ihres ein Mickey-Mouse-Muster ziert. Frau
Ito hält sich zum Glück nie lange mit höflichen Floskeln auf und zieht gleich mit. „Unsere Kirschblüten sind natürlich sehr schön, aber sie symbolisie-
ren nicht unser Land, sondern nur den Frühling. Ab
März verkündet die Wettervorhersage jeden Abend
das Vorrücken der Kirschblütenfront und gibt Prog-

nosen für unsere Region. Das macht das Planen für unser *Hanami*[1] um Vieles leichter", erklärt sie. „Früher gab es in sämtlichen Jahreszeiten ähnliche Feste, heute feiern wir nur noch das Kirschblütenfest."

„Aber", bremse ich ihre detaillierten Ausführungen über die schönsten Plätze für ein Picknick unter blühenden Bäumen, „was ist mit dem berühmten Samurai-Ethos? Heißt es nicht, das Leben eines japanischen Kriegers sei wie die Kirschblüte, kurz aber wunderschön?"

Dieser Spruch, meint Frau Ito, stamme aus dem 20. Jahrhundert von einem Mann namens Nitobe Inazō. Der beschreibt in einem Buch für Ausländer die Seele Japans und habe dabei einfach nur allzu griffig formuliert. Die kaiserliche Marine nutzte Nitobes verklärte Interpretationen im Zweiten Weltkrieg als Propaganda und überzeugte damit junge Piloten vom freiwilligen Tod als Kamikaze-Flieger. „Im Mittelalter war das noch anders. Damals bewunderte man tatsächlich die Vergänglichkeit der zarten Blütenschönheit", fügt sie noch hinzu, „doch sah man in ihr allgemein die Vergänglichkeit des Lebens." Sie schiebt mir auffordernd den Teller mit gekühlten Melonenhappen zu. „Keine vernünftige Samurai-Familie trug in ihrem Wappen die Kirschblüte!", lacht die kleine Dame. „Wer wollte seine Familie schon so schnell verblühen sehen! Nein, nein, die Kirschblüte war unter Kriegern kein allzu gutes Omen."

Frau Ito erhebt sich vom Esstisch und geht zum Hauptmöbel der kleinen Wohnung, einer gewaltigen Schrankwand aus dunklem Holz. Sie kramt in

---

1 *Hanami*, übersetzt etwa „Blumen schauen", bezieht sich grundsätzlich auf das Bewundern der Kirschblüten, oft in Verbindung mit einem Picknick oder Saufgelage.

einer Schublade und hält kurz darauf ihren Reisepass in der Hand. „Schauen Sie mal auf den Umschlag!" Auf rotem Grund prangt eine goldene Chrysanthemenblüte, das kaiserliche Siegel Japans. „Die Chrysantheme ist eine der vier edlen Blumen der Chinesen und symbolisiert den Mut. Sie öffnet ihre Blüten erst, wenn alle anderen Blumen schon längst verblüht sind. Auch für uns Japaner besitzt sie eine große Symbolkraft, sie steht für das japanische Kaiserhaus."

Da Japan kein Pendant zum Bundesadler besitzt – es gibt also kein Staatswappen –, benutzt das Land heute kurzerhand Kaisers Blüte als nationales Symbol. Neben Tennos[2] einzigartigem Chrysanthementhron und seiner äußerst seltenen Verleihung des Chrysanthemenordens gibt es immerhin für alle Bürger eine Chrysantheme auf ihrem Reisepass. Ursprünglich kam die Herbstblume im achten Jahrhundert als Heilpflanze nach Japan. In China und Korea trinkt man noch heute Chrysanthementee, in Japan zieren hingegen essbare kleine Blüten klassische Speisen wie rohen Fisch. Im zehnten Jahrhundert wurde die robuste Pflanze erstmals zur kaiserlichen Blume erhoben. In der Edo-Zeit begeisterte sich dann auch das gewöhnliche Volk für Chrysanthemen-Bonsai und sogenannte Kiku-Ningyo, lebend große Puppen mit real wachsenden Chrysanthemengewändern. Im Herbst peppen viele Ausflugsziele ihre Attraktionen mit kitschigen Szenarien der beliebten Blumenpuppen auf. „Die Motivwahl ist manchmal ein wenig geschmacklos, aber die Technik ist wirklich clever", findet Frau Ito.

---

2 Tenno bedeutet übersetzt „Himmlischer Herrscher".
Die japanischen Kaiser nennen sich so seit dem 7. Jahrhundert.

Das ist noch lange nicht alles: „Eine goldene Chrysantheme findet sich auch an vielen Shinto-Schreinen", fügt Frau Ito nach kurzem Überlegen hinzu. Jetzt fallen mir auch wieder die prächtigen goldenen Chrysanthemen-Embleme am Yasukuni-Schrein ein, der berühmt-berüchtigten Verehrungsstätte Japans Gefallener. Der Kaiser gilt als ranghöchster Priester des Shintoismus, Japans ureigener Religion. Seine Urahnin ist niemand Geringeres als die Sonnengöttin Amaterasu höchst selbst. Daher tragen viele Schreine das Zeichen der Chrysantheme, auch wenn sie nicht alle direkt dem Tenno unterstehen.[3] Über den Tenno mag Frau Ito allerdings nicht so gerne sprechen. Er ist ein selbstverständlicher Teil Japans und doch ein heikles Thema. „Früher war er unsere Verbindung zu den Göttern, ihn selbst verehrten wir Japaner als Gott. Dann haben wir den Krieg verloren und der Tenno wurde laut der neuen Verfassung zum Symbol der nationalen Einheit herabgestuft." Damit ist das Thema für sie abgeschlossen.

Viele Japaner weichen aus, wenn die Sprache auf ihr ehemals göttliches Oberhaupt kommt. Nur rechte Gruppierungen fordern weiterhin die Rückkehr zur uneingeschränkten Monarchie. Das tun sie besonders gerne mit Hilfe umgebauter Busse in Grau. Deren Lautsprecher schmettern nicht nur markige Parolen in den Verkehr, sondern leisten auch noch mit Marschmusik unüberhörbar ihren Beitrag zum allgemeinen Lärm. Die Verfassung von 1946 legt jedoch fest, dass sich der japanische Kaiser weder politisch noch wirtschaftlich betätigen darf. Selbst die ehemals kaiserlichen Paläste gehören allesamt dem

---

3 Genaueres zur Verbindung zwischen Kaiserhaus und Shintoismus siehe Kapitel „Götter sind auch nur Menschen".

Staat. Damit wohnt der Kaiser zwar mitten im Herzen von Tokyo auf dem teuersten Grundstück der Welt, ist selbst aber nur das wohl teuerste Symbol des Landes. Jedes Jahr kostet die kaiserliche Familie, also Kaiser und Kaiserin sowie die Familie des Kronprinzen, den japanischen Steuerzahler rund 2,6 Millionen Euro ausschließlich an Unterhaltskosten. Hinzu kommen die Ausgaben im Rahmen ihrer repräsentativen Aufgaben wie Auslandsreisen und Empfänge.

Abschaffen will den Kaiser aber niemand, Rufe nach dem Ende der japanischen Monarchie verhallen in der Gesellschaft beinahe ungehört. In Umfragen geben 80 Prozent der Bevölkerung regelmäßig an, für die kaiserliche Familie Achtung und Respekt zu empfinden. Der Umgang mit Japans Royals ist jedoch sehr zurückhaltend, kein Souvenirstand verkauft hier Memorabilien wie Kaffeetassen mit dem Konterfei der Kronprinzessin oder Schlüsselanhänger mit dem Wappen des Kaisers. Dabei wünschen sich viele Japaner ein bisschen mehr kaiserliche Volksnähe, doch 1600 Jahre göttliche Verehrung auf Distanz – die Yamato-Dynastie mit Kaiser Akihito in der 125. Generation gilt als ältestes Herrscherhaus der Welt – lassen sich in wenigen Jahrzehnten ebenso wenig ausradieren wie eine plötzliche Öffnung der privaten Gemächer des Tennos erzwingen. Auch wenn die japanische Presse in den letzten Jahren immer unverblümter nach Skandalen gräbt, erfährt die Öffentlichkeit nur sehr wenig über das Alltagsleben vom Tenno-Klan. Dafür sorgen allein die über eintausend Angestellten des Kaiserlichen Hofamtes; sie lenken und beschränken sämtliche Schritte der kaiserlichen Familie. Und sollen damit die langjährigen Depressionen von Kronprinzessin Masako ausgelöst haben, obwohl Ehemann Kronprinz Naruhito und Schwiegervater Kaiser Akihito mit Kräften für ein wenig mehr Weltoffenheit eintreten. Dem Volk ist Familie Tenno weiterhin mehr Symbol als lebendiges Wesen.

Ein weitaus älteres Symbol des Landes, die schlichte rote Sonnenscheibe auf weißem Grund, ist im Land wesentlich umstrittener als der Tenno. Im Hause Ito wurde das allerdings erst zum Thema, als die Familie vor ein paar Jahren bei der Schulabschlussfeier des ältesten Sohnes die Nationalhymne vor der Fahne singen sollte. Seit 1999 die *Hinomaru*[4] offiziell als Nationalflagge anerkannt wurde, führte der Staat gleichzeitig die Verpflichtung der Schulen ein, bei jeder öffentlichen Zeremonie wie Eröffnung und Abschluss des Schuljahres die Fahne zu hissen und die Nationalhymne zu singen.

„Eigentlich interessierte uns die Debatte um Fahne und Hymne nicht allzu sehr", gibt Frau Ito zu, „aber unser Sohn hat verkündet, dass er unter keinen Umständen mitsingen will." Sein Lieblingslehrer hatte den Schülern über die Bedeutung der Flagge in den ehemaligen Kolonien erzählt. Japanische Lehrbücher umgehen dieses dunkle Kapitel der japanischen Geschichte zum Ärger der ehemaligen Kolonien weiterhin großzügig. Frau Itos Sohn verkündete daraufhin, die Flagge sei einzig Symbol des japanischen Imperialismus, der Unterdrückung und Ausbeutung, er würde nicht aufstehen und schon gar nicht singen. Also setzte sich Frau Ito hin und redete mit ihrem Sohn – „wie Mütter das halt so machen, wenn ihre Söhne bockig werden". Sie fürchtete nicht so sehr um ihren guten

---

4   *Hinomaru* bedeutet „Sonnenscheibe", heute auch bekannt als *Nisshoki*.

Ruf in der Nachbarschaft. Sie wollte einfach nicht, dass ihr Sohn als Japaner einzig die schlimmen Jahre der Unterdrückung in der Flagge sehe. „Ich gab ihm Recht, dass wir zu wenig über die Gräueltaten der Kriegsjahre wissen. Und dass wir nicht in die Zeiten des blinden Gehorsams zurückfallen sollen. Doch die Hinomaru symbolisiert ja nicht nur die Jahre zwischen 1870 und 1945!"

Tatsächlich reicht ihre Geschichte bis ins Altertum zurück. Da sich alle Kaiser als Nachkommen der Sonnengöttin betrachteten, sandte schon Prinz Shotoku im 7. Jahrhundert dem chinesischem Kaiser der Sui-Dynastie seine Grüße als „Sohn des Landes der aufgehenden Sonne". Dies ist der eigentliche Grund, warum die Sonne Japan bis heute symbolisiert. Anfangs wurde das schlichte Symbol noch in Gold gemalt, erst mit dem 13. Jahrhundert setzte sich die Farbe Rot durch. Rot mit Weiß gilt in Japan als Glück bringende Farbkombination. Bis zur Schließung des Landes Anfang des 17. Jahrhunderts verwendeten die japanischen Handelsschiffe die Hinomaru als Erkennungsflagge. Zuvor nutzten Provinzfürsten und Samurai die rote Sonne als Standarte im Kampf um die Vorherrschaft Japans. Als das Land dann Ende des 19. Jahrhunderts erneut zur Öffnung gezwungen wurde und Amerika auf eine japanische Staatsfahne drängte, griff man kurzerhand, ohne den damaligen Kaiser im fernen Kyoto zu benachrichtigen, auf die Hinomaru zurück. So wehte die „Aufgehende Sonne" erstmals 1860 an der Seite des amerikanischen Sternenbanners am Broadway. Japan hatte nun für den internationalen Verkehr eine Flagge, ohne dies jedoch bis 1999 jemals offiziell festzulegen. 1931 sollte das Unterhaus den Beschluss des Oberhauses, die Hinomaru zur Flagge zu erheben, bestätigen. Doch die

Auflösung des Parlaments kam der Bestätigung zuvor und so verbreitete die Hinomaru mit Sonnenstrahlen als Marineflagge und Flagge von *Dai Nippon*, dem Großreich Japan, während der Kriegsjahre eigentlich inoffiziell Angst und Schrecken. In ihrer zivilen Form ohne Strahlen sehen heute noch viele Menschen ein Symbol des japanischen Regimes der Dreißiger- und Vierzigerjahre.

Nach 1945 kam der Gebrauch der Fahne nur zögerlich wieder auf, bis 1949 war das Flaggezeigen so gut wie ganz verboten. Trotz der neuen Gesetzeslage ab 1999 weigerten sich einige Lehrergewerkschaften und die Kommunistische Partei weiterhin, die Hinomaru als Staatsflagge anzuerkennen.

Mittlerweile hissen beinahe alle Schulen die Fahne bei ihren Feiern. Doch ob nun wirklich jeder brav mitsingt, lässt sich nicht so einfach feststellen. Dabei ist die poetische Nationalhymne *Kimigayo* weltweit ein rares Beispiel an Friedlichkeit. Die Worte stammen von einem Gedicht aus dem zehnten Jahrhundert: „Gebieter, Eure Herrschaft soll dauern tausend Generationen, achttausend Generationen, bis Stein zum Felsen wird und Moos die Seiten bewächst". Die Melodie lieferte 1880 übrigens im Rahmen der damaligen Entwicklungshilfe ein Preuße, der Militärberater und Musiker Franz Eckert.

Wesentlich unbelasteter ist das Verhältnis der Japaner zu den Symbolen ihrer jeweiligen Präfektur. Hier gibt es nicht nur eine Präfekturflagge, sondern auch eine Präfekturblume, einen Baum, einen Vogel und obendrein einen besonderen Fisch als Stellvertreter aller Fische der jeweiligen Region. Frau Ito ist erstaunt, dass wir Deutsche nur Bundesadler und die gute alte Eiche vorweisen können. Dafür sind unsere Symbole aber älter und eure Präfekturfahnen sehen alle aus wie moderne Firmenzeichen!, denke ich trotzig. Tatsächlich bestehen die Fahnen der Präfekturen allesamt aus einem abstrakten Logo auf knalligem Hintergrund, möglichst in den Farben Orange, Hellgrün oder Braun.

„Warum gibt es eigentlich immer und überall Maskottchen?" Diese Frage kann ich mir dann doch nicht verkneifen. „Sogar für so ehrwürdige Veranstaltungen wie die 1 300-Jahresfeier von Nara gibt es ein schlumpfiges Figürchen. Wer hat nur diesen kleinen Manga-Mönch mit Hirschgeweih als Symbol für die alte Kaiserstadt zugelassen?" Frau Ito versteht gar nicht, warum ich mich über die ästhetischen Abwege der japanischen Symbolwelt so aufrege. „Das ist doch niedlich!", meint sie, als ich noch der Vollständigkeit halber singende Regentropfen und Zeitung lesende Vögelchen aufzähle. Aus besagtem Wohnzimmerschrank zieht sie eine Reihe von quietschbunten Schlüsselanhängern hervor, allesamt Souvenirs von Schulausflügen der Kinder und Mitbringsel diverser Verwandter. Sogar *Hello Kitty* grüßt einmal aus Shikoku, der Pilgerinsel, und ein weiteres Mal aus Kyoto. Ich gebe mich geschlagen, für die modernen Maskottchen dieses Landes bin ich wohl zu konservativ.

Wesentlich stilvoller finde ich die alten Familienwappen der Japaner, die manchmal noch die Ärmel der Kimonojacken dezent verzieren oder auf Festivals die Zugehörigkeit zu einem Stadtviertel auszeichnen. Hier finden sich neben Insekten im Jugendstil stilisierte Schriftzeichen und Landschaften. Besonders begeistere ich mich dabei für den einen, unverkennbar japanischen Berg, den Fuji.

Endlich bin ich mir mit Frau Ito einig: Der perfekt kegelförmige Vulkan genügt, um ganz Japan zu repräsentieren. Nach ihm ist eine Apfelsorte benannt, mehrere Firmen, ein Fernsehsender und eine Rennstrecke. Sogar einem Musikstil in Afrika gibt er seinen Namen. Nicht zu vergessen die Holzdrucke von Hokusai und Hiroshige, die ihn in der ganzen Welt bekannt machten. Schon die Ureinwohner Japans, die Ainu, verehrten den Fuji als Sitz der Götter. Heute machen sich in der kurzen Saison vom Juli bis August an die 200 000 Menschen auf den Weg zur eisigen Spitze, ein Drittel davon sind übrigens Ausländer. Die meisten Besucher versuchen, einen Sonnenaufgang mitzuerleben, ein mystisches Erlebnis, auch für die pragmatische Frau Ito. „Als Studentin sind wir mit unserm Wanderclub auf den Fuji gestiegen. Das war wirklich unvergesslich." So ganz kommt halt kein Japaner von der Vorstellung los, dass seine Heimat das Land der Götter sei. Interessanterweise erlebt der Fuji regelmäßig in wirtschaftlich schlechten Zeiten einen Boom. Dann besinnt man sich wohl auf seine Wurzeln und sucht das Gemeinschaftsgefühl, und wenn es nur der überfüllte Schlafsaal kurz vorm Gipfel und das Gedrängel auf dem Trail nach oben ist. „Aber ein zweites Mal mache ich das nicht noch mal mit", sagt sie. „Kennen Sie nicht das Sprichwort: Ein Dummkopf ist, wer noch nie den Fuji bestieg. Ein noch größerer Trottel, wer sich zum zweiten Mal auf den Weg macht …".

Frauen können sich hier erst seit der Moderne zum Trottel machen, vorher war ihnen der Zutritt zum Berg, wie zu so vielen anderen heiligen Orten des Shintoismus, gänzlich verboten. Ausländern erging es nicht viel besser. Als Mitglied der Royal Geographical Society ließ es sich Sir Rutherford Alcock, Japans erster britischer Konsul, 1860 nicht nehmen, als erster Nicht-Japaner den Fuji zu besteigen. Ihm haben wir es übrigens zu verdanken, dass der Berg lan-

ge Zeit im Westen als Fujiyama[5] bezeichnet wurde.
Es wird Zeit aufzubrechen. Ich überlasse Frau Ito
meinen Schlüssel und schreibe ihr noch Telefonnummern für den Notfall auf. Sie wünscht mir für
die Reise alles Gute und zweifelt laut, ob Schildkröte
und Blumentöpfe ihre Fürsorge überstehen werden.
„Was kann ich Ihnen denn nun mitbringen?", frage
ich an der Haustür, während ich in meine Straßenschuhe schlüpfe. „Oh, machen Sie sich keine Umstände, Christine-san. Wie wär's mit einem Dirndl?"

---

5   Japaner nennen den Berg Fuji-san, das Anhängsel -san
    bedeutet hier Berg und ist nicht gleich der persönlichen
    Anrede „Herr/Frau Ito" wie in Ito-san. Beide -san wer-
    den mit unterschiedlichen Schriftzeichen geschrieben,
    sind also für Japaner auf den ersten Blick zu unter-
    scheiden. Das Berg-Schriftzeichen kann auch als -yama
    gelesen werden, aber dies niemals in Kombination mit
    einem Namen. Den Namen „Fuji" benutzt man nie-
    mals einzeln, denn es gibt zum Beispiel auch einen
    Fluss Fuji, den Fuji-kawa.

Bunte Vielfalt unter homogener Schale

„Japaner sind doch alle gleich!" Unbedacht rutscht mir dieser Satz beim Stehempfang unter goldenen Kronlüstern heraus. Die obligatorischen Reden sind gehalten, das Buffet schon ordentlich geplündert und ich stehe mit einem letzten Glas Wein in einer kleinen Gruppe und es geht mal wieder um das Lieblingsthema vieler Japaner: Kulturvergleich zwischen Ost und West. Jetzt bin ich vielleicht doch zu weit gegangen, sorge ich mich. Wird der gesellige Abend ein frühzeitiges Ende finden, weil ich in ein Fettnäpfchen getreten bin? Im Gegenteil. „Sie verstehen uns, Christine-san", höre ich ganz überrascht von allen Seiten. „Wir Japaner sind tatsächlich alle gleich und ganz anders als Sie!" Rings um mich einvernehmliches Nicken und zustimmendes Gemurmel. Die Herrschaften gewinnen an Fahrt und schon befinden wir uns in einer lebhaften Diskussion über die Besonderheiten der Japaner. „Wir als Inselvolk haben genetisch keinerlei Verbindung zu anderen Rassen. Wir sind praktisch ein eigenständiger Zweig der Menschheit!", wirft ein älterer Herr neben mir ein und beginnt mir zu erklären, wie sich die Stämme auf dem Festland immer wieder vermischt hätten, die Japaner aber dank ihrer isolierten Lage homogen geblieben wären. „Schauen Sie allein die Sprache an, Christine-san", belehrt er mich, „Sie sprechen für einen Gaijin rechtlich ordentlich Japanisch, aber die feinen Nuancen bleiben Ihnen auf ewig verborgen, weil sie niemals wie ein Japaner denken werden." „Vergiss nicht die vier Jahreszeiten", wirft seine Frau ein, „nur hier in Japan sind Frühling, Sommer, Herbst und Winter so stark ausgeprägt." Ich wage zu sagen, dass dies in Europa ebenfalls der Fall sei. Doch als Antwort erhalte ich nur ein gütiges Lächeln. Nein, sagen die Gesichter um mich, an uns Japaner reicht kein anderes Volk, wir sind schlichtweg einzigartig.

Dieses Bollwerk an Selbstbewusstsein, Kritiker nennen es Ethnozentrismus, lässt sich heute Abend zwischen zwei Gläsern Wein wohl kaum mehr knacken. In Japan hat diese Form des Nationalbewusstseins sogar einen wissenschaftlichen Namen: *Nihonjinron*, Theorien über Japaner, und wird seit gut 150 Jahren intensiv betrieben. Die Identitätssuche begann während der Isolationsphase der Edo-Zeit als sogenannte *Kokugaku*, Landesstudien, als man sich erstmals im Kontrast zum Westen sah, und erreichte seinen ersten Höhepunkt in der Meiji-Zeit. Damals wollte sich das Land trotz der starken ausländischen Einflüsse seine Eigenheiten bewahren. Während der Dreißiger- und Vierzigerjahre schlug das übersteigerte Selbstbewusstsein in aggressive Expansionspolitik um. Es galt, ganz Asien unter der Führung Japans zu vereinen. Als Volk mit göttlichen Urahnen sah das Kaiserreich darin seine natürliche Aufgabe. In der Nachkriegszeit verging die Zeit bis zum Wirtschaftsaufschwung erst einmal mit stillem Wundenlecken. Mit steigendem Wohlstand kehrte das verschüttete Selbstbewusstsein wieder zurück und heute schwappt trotz Wirtschaftskrise und Politikverdrossenheit die stolze Selbstanalyse in immer neuen Wellen über das Land. Tausende von Aufsätzen und Büchern beschäftigen sich in regelmäßigen Abständen mit den besonderen Hirnstrukturen oder Verdauungstrakten der Japaner, Flipcharts erklären im Frühstücksfernsehen, warum Japaner mit der Blutgruppe A fleißige und erfolgreiche Menschen sind (sie stellen einen Großteil der

Bevölkerung) und die der Blutgruppe B zum Ver-
brechertum tendieren.

Das Abendland ist gar nicht mal so unschuldig an
dem Gerede um die Einzigartigkeit der Japaner. Die
Darstellungen und Interpretationen nicht-japanischer Wissenschaftler liest nicht nur das Ausland,
sondern sie beeinflussen auch recht stark das Selbst-
bildnis der Japaner. So brachte Eugen Herrigels Buch
„Zen und die Kunst des Bogenschießens" vor dem
Weltkrieg durch Missverständnisse und Dolmet-
scherfehler eine esoterisch-mystische Interpretation
des Zen-Buddhismus nach Europa, der so in Japan
gar nicht existierte, später aber gerne von japanischer Seite verbreitet wurde. In den Nachkriegsjah-
ren sorgte Ruth Benedict mit ihrem Werk „Chrysantheme und Schwert" für das Bild eines Japans der
Schamkultur. Der Einzelne handele demnach nicht
nach Gut und Böse, sondern einzig entsprechend seiner sozialen Stellung. So entstand der Mythos vom
allgegenwärtigen Gruppendruck, und das Buch verkaufte sich allein in Japan über zwei Millionen Mal.
Bis in die Achtzigerjahre vermutete der Westen in
dem Konzept von Scham und Gruppenzwang das
Erfolgsgeheimnis von *Japan Inc.*, dabei übersah man
geflissentlich, dass auch andere Kulturen wie zum
Beispiel die Roma auf das Konzept von Scham bau-
en, bekanntlich ohne großen wirtschaftlichen Erfolg.
Als die überhitzte Wirtschaftsblase schließlich platz-
te, schlug die Stimmung im Westen um und nun
verlegte man sich aufs *Japan Bashing*. Japaner ficht
das wenig an, im Gegenteil: Hier rückt man einfach
noch ein Stück weiter zusammen und fühlt sich in
der Theorie bestätigt, dass „wir gegen den Rest der
Welt" einen besonderen Platz in der Völkergemein-
schaft einnehmen.

Das ostasiatische Inselvolk hat gewöhnlich nichts dagegen, nach außen wie ein Block zu wirken. Die Menschen stört es nicht, schon von Weitem als japanische Touristen erkannt zu werden, weil sie alle die gleiche Mütze tragen und hinter einem Fähnchen herdackeln, wenn sie durch die Altstadt von Rothenburg laufen. Was sie allerdings mächtig irritiert, ist ihre Verwechslung mit Koreanern oder Chinesen. Da sind sie eigen, sie betrachten sich ja nicht als Asiaten, sondern einzig als Japaner. „Mit denen vom Festland haben wir nichts zu tun", so ein ehemaliger Kommilitone von mir. Er erzählte mir lang und breit von seinen Ferienplänen, endlich einmal Asien kennenlernen zu wollen. „Aber du lebst doch in Asien, Hiroshi", entgegnete ich. Nö, er sei Japaner, Asiaten gäbe es nur auf dem Festland. Die japanischen Inseln, könnte man glauben, wären erst vor Kurzem zufällig vor der Küste Koreas, Chinas und Russlands angeschwemmt worden.

Asien, das gilt Japanern als völlig unbekanntes Territorium. Diese Terra Incognita ist der Hochzeitsreise oder dem anstrengenden Rentnertrip vorbehalten. Geht es um einen erfrischenden Kurzurlaub, bleibt man doch lieber in heimischen Gefilden. Da gibt es landesweit genügend Vielfalt, um stets Neues zu entdecken. Entgegen all dem Rummel um die Homogenität der Japaner bietet das Land eine unerhörte Vielzahl an Landschaften, Kulinarischem, Kultur und Menschenschlägen. Das wissen die Japaner ganz genau, halten diese Information aber seltsamerweise wie ein Staatsgeheimnis von Ausländern fern. Die fremden Besucher lässt man gerne im Glauben, dass ganz Japan wie Tokyo oder gar Kyoto sei und es außerhalb der beiden Regionen eh nichts Neues zu entdecken gebe. Das wurmt die Obersten der japanischen Tourismusbehörden gewaltig, aber noch schaffen sie es kaum, dass die einzelnen Regionen mutig ihre Besonderheiten vorzeigen, anstatt immer nur den bekannten Vorbildern nachzueifern und so ein Bild langweiliger Konformität hervorrufen. Dabei ist das Land wie eine klassische japanische Lunchbox mit mehreren Etagen, deren Anblick allein Appetit auf den Inhalt macht und jede Lage ungeahnte Leckereien bereithält.

Die Extreme bilden der nördlichste und der südlichste Zipfel der lang gestreckten Inselkette. Hokkaido im Norden galt lange Zeit als Japans Wilder Westen. Schon seit dem frühen Mittelalter trieben die nördlichen Provinzen Handel mit Hokkaidos Ureinwohnern, den Ainu. Provinzfürsten bemühten sich immer wieder um die Kontrolle der Stämme, doch erst unter Kaiser Meiji fiel Hokkaido offiziell an Japan. Damit reagierte man auf einen möglichen Einfall Russlands, das seinen Machtbereich Richtung Japan ausweiten wollte. Um Landwirtschaft und Bergbau voranzutreiben, holte man sich amerikanische Unterstützung ins Land und die Bevölkerung verfünffachte sich innerhalb eines Jahrzehnts. Verarmte Bauern aus ganz Japan, die nun nicht gleich bis ins damals lockende Südamerika auswandern wollten, sahen in Hokkaido ihre Chance, und heute gilt der lokale Menschenschlag als besonders zupackend, offen und tolerant. Hokkaido bietet angeblich die besten Ehemänner, denn als Pioniere kann man nicht zimperlich auf traditionelle Rollenteilung beharren. Nicht alle Bewohner des äußersten Nordens kamen jedoch freiwillig nach Hokkaido. Mit der Meiji-Reform ging auch eine Milderung des Justizsystems einher. Die Regierung beschloss, es mit modernem Strafvollzug zu versuchen, neben der Todesstrafe gab es nun Arbeitslager zur Umerziehung der Delinquenten. Und wo könnten die besser stehen als in Sichtweite von Packeis? Bis 1984 blieben die alten Gemäuer des Hochsicherheitsgefängnisses von Abashiri in Japans ganz eigenem Sibirien im Nordosten Hokkaidos in Betrieb. Knapp einhundert Jahre zuvor bauten die ersten 1 000 Sträflinge Hafenanlagen und Verkehrsverbindungen rings um den „Ort ohne Adresse", wie das Gefängnis in einer Fernsehserie genannt wurde.

Kaum ein Gebäude auf Hokkaido ist älter als die ehemalige Strafanstalt für politische Gefangene. Alte Tempel oder Schreinanlagen sucht man hier vergeblich wie auch authentische Zeugnisse der Ureinwohner. Die Ainu zählen gerade noch einige Zehntausend, die eigene Sprache ist praktisch ausgestorben. Seit dem 15. Jahrhundert wehrten sich die Bewohner des Nordens gegen den Landraub des Südens, doch vergeblich. Im 19. Jahrhundert beschloss die Regierung die Assimilation der Ainu in das japanische Volk. Sprache und Gebräuche wurden radikal verboten. Nicht nur wegen ihrer stärkeren Körperbehaarung, der hellen Hautfarbe und der runden Augen fielen die Ainu oder Utari[1], wie sich die Ureinwohner selbst nennen, immer und überall auf. Versuche, sie zu Bauern zu machen, schlugen fehl, und Viele versanken in Armut und Alkoholismus. In den Siebzigerjahren erkannte man ihren folkloristischen Wert, wohl als eine Art japanische Flower-Power-Bewegung, doch da waren schon viele Ainu in andere Gegenden Japans umgezogen, um sich und ihren Kindern eine bessere Zukunft zu sichern. In wenigen

---

1 Utari bedeutet in der Ainu-Sprache Kamerad. Da die Bezeichnung Ainu einen diskriminierenden Beigeschmack hat, werden beide Begriffe in offiziellen Dokumenten verwendet.

Jahren werden neben den wenigen Museen und kitschigen Folkloredörfern nur noch die fremd klingen-
den Ortsnamen an die Wurzeln der nördlichen Kulturen Japans erinnern.

So desolat ist die Lage im Süden glücklicherweise
noch nicht. Die Ryukyu-Inseln der modernen Präfektur Okinawa erstrecken sich über 1 200 Kilome-
ter zwischen Kyushu und Taiwan. Obwohl Nachbar Kyushu seit der Steinzeit eine Art Brückenkopf
zum Festland bildete, hegten seine Bewohner niemals Zweifel an ihrer Zugehörigkeit zu Japan. Anders die subtropischen Inseln, die einst das Königreich Ryukyu bildeten. Sie standen der chinesischen
Kultur immer schon näher als der japanischen. Bis
zum 17. Jahrhundert bewahrte es sich mit der Unterstützung der Ming-Kaiser seine Unabhängigkeit.
Dann fiel das kleine Königreich unter die Kontrolle
des Fürsten von Satsuma, heute Präfektur Kagoshi-
ma. Damals entstand unter den Kriegern der Inseln
der Kampfsport Karate. Aus Angst vor Rebellionen
mussten sämtliche Waffen abgegeben werden, und
so lernten die Männer heimlich den Kampf mit der
„leeren Hand", was Karate übersetzt bedeutet. Erst
unter Kaiser Meiji verloren die Könige von Ryukyu
endgültig ihre Macht und das Land wurde von Japan annektiert. Drei lange Tage baten Boten von Ryukyu in Beijing um militärische Unterstützung, doch
China verweigerte seinem einstigen Vasallen sämtliche Hilfe. Die Vereinigten Staaten stellten sich auf die
Seite Japans, die Forderungen der Inselbewohner auf
Unabhängigkeit verhallten ungehört. Dann setzte in
Ryukyu derselbe Umerziehungsprozess wie in Hokkaido ein: Traditionen und Gebräuche wurden verboten und durch japanische ersetzt, fortan hieß die
Landessprache Japanisch. Die gleichnamige Landes-

sprache Ryukyu wurde zum Dialekt degradiert. Nach 1945 verblieben die Inseln 27 Jahre unter amerikanischer Verwaltung, erst 1972 wurde Ryukyu als Präfektur Okinawa wieder ein Teil Japans. Wieder hatte die Unabhängigkeitsbewegung keine Chance. Heute hofft eine verschwindend kleine Minderheit auf eine Loslösung von Japan. Das Gros der Bevölkerung hat eingesehen, dass das Armenhaus der Nation allein nicht mehr überleben kann, und sich mit dem Status Quo abgefunden. Hier sind die Menschen statistisch gesehen zwar besonders arm, doch leben sie länger und sind obendrein Befragungen zufolge noch wesentlich glücklicher als der nationale Durchschnitt.

Es muss wohl auch die Abgeschiedenheit der vielen subtropischen Inseln gewesen sein, durch die sich die Eigenheiten der Ryukyu-Kultur wesentlich besser erhalten konnten als die der Ainu im Norden. Heute sprechen die Leute unter 60 ein vom Dialekt der Inseln eingefärbtes Japanisch. Nur die Alten sprechen weiterhin „echtes" Ryukyu. Eine Radiostation sendet ausschließlich in Ryukyu, Musik von Okinawa mit den typischen Klängen der dreisaitigen Sanshin ist in ganz Japan immens populär. Das lockere Tropenfeeling stimmt halt auch die Japaner auf Sommerurlaub ein.

Die Architektur Okinawas ist wie so viele kulturelle Elemente stark chinesisch geprägt. Die Dächer sind mit schweren Ziegeln bedeckt, um die Gebäude in der Taifun-Zeit zu schützen. Auf Toreingängen und Dachecken wachen Shisa, löwenartige Wesen. Von denen gibt es immer zwei, einer reißt das Maul auf, um das Glück zu packen, der andere hält es mit geschlossenen Zähnen fest. Auf der Hauptinsel Okinawa finden sich allerdings kaum Originalbauten. Hier zerstörten die Schlachten des Pazifikkriegs über 90 Prozent der Infrastruktur. Was erhalten blieb, ist die

Liebe zur einheimischen Küche, die ebenfalls eher an das chinesische Festland erinnert als an Japan. Hier gibt es gekochte Schweinefüße in der Nudelsuppe, und die Bittergurke Goya ist ein typisches Gemüse, mit dem auch die Kinder Südchinas gerne gequält werden. Als besonders gesunde Gerichte sind sie mittlerweile in ganz Japan populär. Die Ainu-Küche hingegen konnte sich nicht so recht durchsetzen. Ainu bauten wenig an, sie waren Sammler und Jäger, die sorgfältig mit den kargen Ressourcen des Nordens umgingen.

Bieten die beiden Enden Japans einen Einblick in recht untypische Kulturvarianten, verläuft ein anderer Graben mitten durch das geografische Zentrum der Nation. Das Kerngebiet Japans auf der Hauptinsel Honshu teilt sich auf der Höhe von Nagoya in *Kansai* und *Kanto*. Das Schriftzeichen *Kan* bedeutet Grenze, Kansai liegt also „westlich der Grenze" und Kanto entsprechend „östlich der Grenze". Der Osten, das ist Tokyo mitsamt den Nachbarpräfekturen Saitama, Kanagawa und Chiba. Hier in der Kanto-Ebene lebt ein Drittel der Gesamtbevölkerung unter Umständen, die nur dem Vergleich mit den berühmten Ölsardinen standhalten. Dafür darf sich jeder Einwohner als typischer Japaner betrachten, denn Kanto ist das Maß (beinahe) aller Dinge in Japan. Kansai, das Gebiet jenseits, also westlich der alten Grenze aus dem zehnten Jahrhundert umfasst Osaka, Kyoto und Kobe. Als die Tokugawa Anfang des 17. Jahrhundert Edo zum Herrscherzentrum machten, bestand bald darauf die Hälfte der Stadt aus Kriegsadel. In Osaka blieb diese Zahl immer unter einem Prozent. Regierte in Edo das Militär, regiert seitdem in Osaka das Geld, beziehungsweise der Reis. Denn die Samurai erhielten ihren Lohn in Reis ausgezahlt, den sie selbst nicht verkaufen durften. Das erledigten die Händler von Osaka und Umgebung für sie. Die standen zwar in der Vier-Stände-Gesellschaft auf der untersten Stufe, verdienten daran aber sehr viel Geld. Osaka entwickelte sich schon früh zum Wirtschaftszentrum und konnte diese Rolle bis heute erfolgreich beibehalten. Den Leuten in Kansai sagt man daher eine ordentliche Portion Pragmatismus, Geschäftssinn und auch Humor nach.

Die Menschen in Kanto galten hingegen eher als kultiviert, zurückhaltend und höflich distanziert. Wie es sich für stolze Hauptstädter und ehemalige *Bushi*[2] gehört. Reibereien zwischen den beiden Regionen sind da unvermeidlich. Trotz aller Anstrengungen der Zentralregierung verweigern sich die Leute der Kansai-Region dem Sprachdiktum der Hauptstadt. In Kansai spricht man Kansai-Ben und das laut, salopp und mit möglichst viel Gefühl, basta! Logisch, dass die beliebtesten Komödianten aus dieser Ecke Japans stammen, die auch im Fernsehen zur Freude des Publikums fröhlich Dialekt sprechen.

Auch beim Essen sind die Leute aus Kansai konsequent: Hier hat man es gerne süßer und zarter im Geschmack, so genügt eine leichte Brühe für die feine Nudelsuppe, helle Misopaste würzt die Speisen und nicht die dunkle salzige Sojabohnenpaste des Nordens. In Kansai isst man lieber Rindfleisch als Schwein und niemals würde einem Kansaijin, einer Person aus Kansai, *Natto*, vergorene Sojabohnen, über die geschwätzigen Lippen kommen. Da ist er konsequent und das kann ich sehr gut verstehen. Natto stinkt einfach wie ... verrottete Bohnen. Der Norden ab Kanto liebt das Fäden ziehende Zeug, am besten gleich zum Frühstück auf leeren Magen. Die

---

2 *Bushi* bedeutet Krieger, *Bushido* ist der „Weg des Kriegers".

Leute in Osaka mögen da lieber in Teig Gebackenes wie üppig gefüllte Pfannkuchen (*Okonomiyaki*) oder Küchlein mit Oktopustentakeln, eingelegtem Ingwer und Seetang (*Takoyaki*). Das gibt es mittlerweile in ganz Japan. Die Leute in Kansai machen liebend gerne Geschäfte, lassen sich im Gegenzug aber nichts andrehen, was womöglich zur Konkurrenz werden könnte.

Kanto lässt Kansai mit der stolzen Gewissheit gewähren, die eigentlichen Geschicke des Landes zu leiten. Hier weht auf den politischen Chefetagen immer noch ein wenig der Geist der Samurai, viele führende Politiker wissen unter ihren Ahnen adelige Größen. Da hat man es gar nicht nötig, sich über die Faxenmacher aus Kansai aufzuregen. Arm dran sind nur all die Regionen, die im Schatten der beiden „Großen" stehen. Wie die Region Kinki, die genau dazwischen liegt. Um nicht völlig übergangen zu werden, haben sich die Leute aus Nagoya darauf verlegt, alles ein bisschen dicker und greller aufzutragen. In der Geburtsstadt der dröhnenden Pachinko-Hallen schmeißt man nicht nur die aufwendigsten Hochzeitsfeiern, sondern fährt auch auf den breitesten Straßen und verreist vom größten Bahnhof mit dem höchsten Turm.

„Auf dem Dach unserer Burg befinden sich die größten goldenen Fabelwesen ganz Japans", berichtet Herr Narita, Kurator der Burg von Nagoya stolz, als wir auf den Fahrstuhl im Innern des Wehrturms warten. Diese sogenannten *Kinshachi* sollten die Burg vor Feuer schützen, versagten aber eindeutig, denn die Burg brannte im Zweiten Weltkrieg komplett ab. „Die ersten Kinshachi brachten es noch auf über 320 Kilogramm Gold. Heute müssen 80 Kilo reichen." Er seufzt. „Die Leute haben das Gold geklaut wie die Raben. Auch die Shogune der Tokugawa waren nicht

besser, sie kratzten immer wieder eine Schicht ab, wenn Geldmangel herrschte."
Dreimal wurde die Goldschicht erneuert, heute sind die beiden delfinähnlichen Wesen nur noch mit Gold lackiert. Und passen damit meisterhaft zur Burg, die nach außen das Bild einer perfekten mittelalterlichen Burg bietet, ihr Interieur aber eher einer deutschen Finanzbehörde gleicht. Ein klasse Kontrast, eben typisch Nagoya? Ein wenig neidisch blickt der Rest Japans schon auf so viel lokales Selbstbewusstsein und versteckt sich schüchtern hinter den berühmten „Drei" Kansai, Kinki und Kanto.
Tohoku, der Nordosten, galt lange als rückständiges Hinterland, versprach viel Natur und noch mehr Langeweile. Wer wollte da schon hin außer ein paar emsigen Wanderern, wie es einst Basho[3] war? Doch auch hier herrscht mittlerweile Bewegung. Heute sammelt der Norden bei den Großstädtern gerade mit seiner vermeintlichen Langsamkeit wieder Pluspunkte; junge Familien ziehen gerne raus aufs Land in „Kleinstädte" von knapp 200 000 Einwohnern. Auch Kyushu im Süden erfreut sich eines nationalen Booms. Kulturell bietet die Region extrem viel, doch vom Kyushu-Otoko, von den Männern Kyushus, sollte man tunlichst die Finger lassen. Sie seien alle noch vom alten Schlag, durch und durch autoritär und frauenfeindlich. Behauptet zumindest der Norden. So pflegt jeder genüsslich regionale Vorurteile und nennt seine Heimat erst einmal Kyoto, Nara oder Akita und dann erst Japan. Eigentlich genau wie bei uns. Und doch wieder nicht. Denn was macht sie alle zusammen besonders glücklich, Japaner zu sein? Nein, nicht Freiheit und Demokratie, sondern

---

3 Matsuo Basho (1644-1694), Haiku-Dichter, berühmt für seine Wanderungen durch die nördlichen Provinzen.

ihr leckeres Essen. Wer Sushi und Seetang liebt, der muss also ein waschechter Japaner sein. Da habe ich ja doch noch Chancen auf eine wenigstens emotionale Einbürgerung!

Schattenläufer

Ueno-Park an einem Sonntag im Frühling. Menschenströme ergießen sich aus der nahen U-Bahnstation, ich bin umgeben von fröhlich hüpfenden Kindern auf dem Weg in den Zoo. Pärchen genießen Händchen haltend die ersten wohligen Sonnenstrahlen, in der lauen Luft mischen sich die Gerüche von Zuckerwatte und verbrannter Sojasoße. Fetzen von Lautsprecherdurchsagen und die Musik des Kinderkarussells wehen über den großen Platz. Tauben umflattern die Bronzestatue eines Revoluzzers, ein roter Luftballon hat sie aufgeschreckt.

Am Ende des Parks, kurz vor dem Nationalmuseum, ebbt der Feiertagsrummel langsam ab. Etwas abseits, im Schatten der großen Bäume, steht eine Gruppe von älteren Männern. Ordentlich gekämmt mit, wie in Japan gewohnt, korrekter, wenn auch etwas altmodischer Kleidung stehen sie zusammen. Nichts Besonderes also, denke ich und will weiter. Wären da nicht die abgenutzten, prall gefüllten Plastiktüten und die billigen Plastikslipper, die manche von ihnen tragen. Solche Schuhe benutzen Japaner einzig auf der Toilette und genieren sich gewöhnlich entsetzlich, damit außerhalb des Aborts erwischt zu werden. Wer sind diese Leute also? Ich fange an zu trödeln und sehe zu, wie ein kleiner Laster vorfährt und Kisten ablädt. Eine wird umgedreht und zum Podium umfunktioniert. Einige Nachzügler treten aus dem Schatten der Büsche hervor und stellen sich mit den Wartenden schweigend in Reihen vor die Mini-Bühne. Auf ein Zeichen setzen sie sich auf den Boden. Jeder erhält noch eine Getränkedose und der Mann auf der Kiste beginnt zu reden. Ich überlege noch, warum kamen die aus den Büschen und nicht über die Kieswege?, da fällt es mir wie Schuppen von den Augen: Dies sind die Bewohner des kleinen Zelt- und Pappbudendorfs, Obdachlose also, die sich inmitten der Parkanlagen ihr eigenes Reich geschaffen haben. Leider kann ich nicht recht verstehen, was der Mann auf der Kiste ihnen so wortreich mitteilt. Steht wieder mal ein Besuch der kaiserlichen Familie in einem der umliegenden Museen an? Dann heißt es für die Männer, einpacken und verschwinden. Alles, was nicht rechtzeitig vor der Ankunft der Hoheiten entfernt ist, wird von der Müllabfuhr abtransportiert. Ist der Kaiser wieder außer Sicht, dürfen die Menschen zurückkehren. Man wird ihnen neue Plastikplanen austeilen und sie können sich wieder einrichten. Ein Possenspiel, bei dem sich die Stadtverwaltung von Tokyo zähneknirschend dem Kaiserlichen Hofamt unterwerfen muss.

Ich betrachte die Männer, wie sie still und ergeben auf Zeitungspapier sitzen, und schaue mich um. Überdeutlich sehe ich auf einmal die vielen Schattenbewohner vom Ueno-Park. All diese Menschen, die hier abseits der Hauptwege leben, von den meisten Besuchern werden sie gar nicht wahrgenommen. Anders als in Deutschland sehe ich keine Betrunkenen, keiner hadert hier lautstark mit seinem Schicksal.

Andere Erinnerungen tauchen auf: Da war diese erbarmungswürdige Frau in Shinjuku. Mitten im Shopping-Mekka der Omote Sandō – die Japaner nennen die Allee stolz „ihre" Champs Elysées – saß sie zwischen ihren vielen Taschen und Tüten. Ihre Augen erinnerten mich an die eines Rehs, das von Autoscheinwerfern erfasst wurde und sich vor Schreck nicht rühren konnte. Diese Frau wäre sicherlich gerne vor den neugierigen Blicken der Passanten geflohen, aber sie konnte es nicht. Und so drehte sie sich einfach nur weg. Wie auch der Mann, der die Zeitschrift der Obdachlosen verkauft, als ich auf ihn zugehe. Es ist schwer, mit Obdachlosen ins Gespräch zu kommen. Anders als bei uns wollen sie jeder Aufmerksamkeit ausweichen, wollen unter keinen Umständen auffallen.

Und dann sind da noch die endlosen Reihen von Zelten und Verschlägen entlang dem Fluss Tama. Fahrräder stehen vor den Buden, Wäscheleinen sind gespannt. Männer lesen in der Sonne Zeitung. Im Gegensatz zu der bettelarmen Frau wirken die Behausungen mit den himmelblauen Plastikplanen an schönen Tagen richtig wohnlich. An ihnen stören sich noch nicht einmal die Spaziergänger, die zum Betrachten der Kirschblüten am Fluss flanieren und die Bewohner der provisorischen Siedlung einfach übersehen. Die wiederum tun so, als sei es selbstverständlich, auf der Promenade zu wohnen. Herr Shimoda ist einer von ihnen. Letzten Monat wurde er 60, damit entspricht er dem durchschnittlichen japanischen Obdachlosen. „Ich wohne hier schon seit einigen Jahren", sagt der ordentlich gekleidete Mann zurückhaltend. Warum das so ist, will er uns nicht sagen. Nach einigem Zögern beginnt er, ein wenig von seinem Alltag zu erzählen. „Anfangs lebten nur einige von uns gleich hier unter der Autobahnbrücke. Aber in letzter Zeit reicht der Platz dort nicht mehr aus und so verlängert sich unsere Siedlung immer weiter den Fluss runter." Mit seinen beiden direkten Zeltnachbarn hat Herr Shimoda eine Art Notgemeinschaft gegründet. „Wir teilen unser Essen und passen gegenseitig auf unsere Sachen auf. Tagsüber bleiben wir ja meistens hier, erst abends ziehen wir los. Ich suche dann erst mal alle Automaten nach Restgeld ab und sammle leere Getränkedosen. Aluminium und Altpapier lassen sich gut verkaufen. Essen bekommen wir von den 24-Stunden-Läden. Die achten sehr auf das Verfallsdatum, da gibt es eigentlich immer was für uns." Wir dürfen uns noch seine kleine Kochstelle anschauen und dann beendet Herr Shimoda unser Gespräch und verschwindet einfach in seiner sorgfältig gebauten Bude.

Stärker noch als in Deutschland leben Obdachlose in Japan in einer unsichtbaren Parallelwelt. Sie sind wie Schattenläufer, die sich ungern der Gesellschaft zeigen. Sie versorgen sich weitgehend selbst, sie betteln nicht, sprechen niemals Passanten an und beschimpfen niemanden lauthals. Sie wollen nicht provozieren und vermeiden Aufmerksamkeit, denn sie beschuldigen nicht die Gesellschaft für ihre Misere, sondern erst einmal sich selbst. Das macht es ihren Mitbürgern natürlich noch einfacher, sie schlichtweg zu ignorieren.

Seitdem die Rezession in Japan zu einer Art Dauerzustand geworden ist und immer mehr Menschen auf der Straße leben, ist Wegschauen allerdings nicht mehr ganz so einfach. 2003, im Jahr der ersten offiziellen Erhebung, lebten rund 25 000 Japaner auf der Straße. Allein in Osaka sind heute über 10 000 Menschen ohne festen Wohnsitz (zum Vergleich: In Deutschland leben rund 20 000 Menschen ohne Unterkunft). Dies sind fast ausschließlich Männer im fortgeschrittenen Alter. Obdachlose Japanerinnen sind auch jetzt noch die große Ausnahme. Sie machen gerade mal drei Prozent aller Wohnungslosen aus. Drei von vier Frauen leben zudem mit ihren Ehemännern auf der Straße. Für sie gemeinsam gibt es keine Unterkünfte, also bevorzugen Paare ihr Provisorium am Wegesrand. Das Arbeitsamt, das offiziell den munteren Namen „Hello Work" trägt, vergibt Stellen nur an Leute mit festem Wohnsitz.

Nach längstens sechs Monaten Arbeitslosengeld beschränkt sich die Unterstützung der Tokyoer Stadtverwaltung auf das tägliche Verteilen von Kekspackungen. Dass die Zahlen der Obdachlosen trotz anhaltender Rezession nicht immer weiter steigen, hat Japan der Einrichtung zahlreicher Armenwohnheime zu verdanken. Langfristig bewahrt dies vor allem Frauen und Kinder vor dem Leben auf der Straße, sie erhalten meist zügig und ohne Fristen Unterstützung, während alleinstehende Männer im arbeitsfähigen Alter höchstens für zwei Monate einen Platz im Wohnheim beanspruchen dürfen. Neujahr 2009 wiesen Gewerkschaften und andere Organisationen auf diesen eklatanten Missstand hin, indem sie im Hibiya-Park in Tokyo über die Feiertage ein riesiges Zeltdorf für die Obdachlosen einrichteten. Die Jahresendzeit ist gewöhnlich die schlimmste Zeit der Nichtsesshaften. Die wenigen Unterkünfte schließen, die Beratungsstellen haben ebenfalls Ferien und verteilen keine Lebensmittel. 2010 reagierte die Metropolregierung und richtete allein für die Feiertage eine Notunterkunft für die Obdachlosen ihrer Stadt ein.

Japanische Obdachlose werden in den Medien gerne als ehemalige Firmenangestellte dargestellt, die durch „Umstrukturierung" ihren Arbeitsplatz verloren haben und auf Grund ihres Alters nicht mehr vermittelbar sind. Dieses Schicksal ist jedoch entgegen der landläufigen japanischen Meinung sehr ungewöhnlich. Es stimmt, der feste Arbeitsplatz bildet nur allzu oft den Mittelpunkt eines japanischen Lebens. Er garantiert auch alleinstehenden Menschen ohne tiefere private Bindungen ein geregeltes soziales Leben. Doch bei den meisten Obdachlosen war diese Einbindung in die Gesellschaft auch in ihrer

Vergangenheit nicht vorhanden. Das Gros der heute Nichtsesshaften sind ehemalige Tagelöhner aus dem Gaststättenbereich oder der Baubranche. Ohne Versicherung und Rentenansprüche droht ihnen generell bei Krankheit und Arbeitslosigkeit schnell der Absturz in die Armut, der Verlust der Wohnung ist dann nur noch eine Frage der Zeit. Osaka ist davon besonders hart getroffen. So leben im berühmt-berüchtigten Viertel Kamagasaki auf einem Quadratkilometer 30 000 Tagelöhner und an die 3 000 Obdachlose. Das Viertel bietet seinen Bewohnern ein Gefühl von Zugehörigkeit, schafft aber auch neue Probleme. Illegale Wettbüros agieren hier ebenso offen wie Vertretungen der lokalen Mafia, die Polizei hat das Viertel schon lange aufgegeben. Bis zum Auftakt der Wirtschaftskrise Ende der Achtzigerjahre kamen in immer neuen Wellen junge und ungebildete Männer aus der unprofitablen Landwirtschaft oder ehemaligen Bergarbeiterregionen nach Kamagasaki, um hier auf dem Bau oder im Hafen gut bezahlte Arbeit zu finden. Tagelöhner, die sich in den Zeiten des Baubooms keine Sorgen um ihr Auskommen machen mussten, stehen nun im Morgengrauen an den Bahnhöfen und hoffen, wenigstens für ein paar Stunden unterzukommen. Kamagasaki gilt heute als Symbol der Kehrseite der japanischen Wirtschaft. Unzählige Hilfsorganisationen, darunter auch die Landeskirche Braunschweig, bemühen sich in Projekten, den alten und kranken Obdachlosen zur Seite zu stehen. Viele der ehemaligen Arbeiter des Viertels wohnten vormals kostenfrei in den Wohnheimen der Baufirmen, sie verloren mit der Arbeit also auch automatisch ihr Zuhause. Und das nicht nur in Osaka, sondern in allen Ballungsräumen Japans. Als Reisende und Frühaufsteherin habe ich oft die Wartenden am Straßenrand gesehen. Kommt dann endlich der ersehn-

te Kleinbus der Baufirma und sucht sich ein, zwei
Arbeiter für den Tag aus, bleiben die Überfünfzig-
jährigen meist zurück. Sie hängen überall zwischen
den Stühlen, zu jung für Sozialhilfe und zu alt für
den Knochenjob auf dem Bau. Erhalten in Deutschland knapp acht Prozent der Einwohner unabhängig
vom Alter Arbeitslosengeld, bekommt in Japan gerade mal ein Prozent der Bevölkerung finanzielle Unterstützung aus dem Staatssäckel. Nur bei Arbeits-
unfähigkeit werden Männer unter 65 berücksichtigt,
ansonsten gelten sie allein für sich selbst verantwortlich. Mit dem 65. Geburtstag beginnt dann endlich
das erlösende Rentnerdasein. Herr Shimodas Nachbar ist übrigens 63 und freut sich, dass er nur noch
zwei Jahre durchhalten muss, bis er sich vielleicht
von der Rente wieder eine richtige Wohnung leisten
kann. Früher sorgte die Großfamilie für ihre Pechvö-
gel und Alten, doch die gibt es heute kaum noch. Der
Staat weiß, dass er seine Aufgaben im Sozialbereich
ausbauen muss, doch noch scheitert die Umsetzung
vielerorts an den Finanzen.

Die Stadt Osaka mit ihrer hohen Zahl an Wohnungslosen hat indes ein besonderes Projekt gestartet: Obdachlose über 55 können sich in eine Liste eintragen
und erhalten so im Rotationsverfahren bis zu vier-
mal im Monat für einen Tag Arbeit. Unkrautjäten,
Putzen öffentlicher Gebäude, es erinnert stark an
unsere Ein-Euro-Jobs, und so sehen es auch die Japaner. Es hinterlässt einen bitteren Beigeschmack,
wenn man auf „besonderen Listen" registriert ist.
Täglich finden hier immerhin 250 Obdachlose eine
Möglichkeit, Geld zu verdienen. Über 80 Prozent
der Nichtsesshaften geben übrigens an, regelmäßig
zu arbeiten. Das bedeutet nicht, dass sie eine feste
Anstellung haben. Wie Herr Shimoda sammeln sie

Wertstoffe wie Papier und Dosen und verkaufen es dann weiter. Manche haben das Glück, hin und wieder in Gaststätten aushelfen zu dürfen. Und dann gibt es noch die Wohnheime, die einem zwei Monate Unterschlupf gewähren. Während dieser Wochen muss die Rückkehr in ein geregeltes Leben gelingen. Die Adresse des Heims darf man bei der Arbeitssuche als festen Wohnsitz angeben, ansonsten hilft das Arbeitsamt nicht weiter, und keine Firma nimmt die Bewerbung an.

Es gibt als Alternative noch andere Schlafstätten, die besonders gern von der neuen Generation Obdachloser angenommen werden. Die zugigen Pappbuden- und Plastikplanen-Kommunen sind vor allem das Revier der Alten, die Jungen zieht es an die Computer und zu den Manga-Regalen der billigen Kaffeehäuser, wo sie den Tag und manchmal auch die Nacht verbringen. Mittlerweile soll es allein in Tokyo über 5 000 junge Obdachlose geben. Sie sitzen nicht trinkend und mit ihren Hunden spielend vor dem Bahnhof und hauen auch niemanden um Geld an. Die meisten schlagen sich mit miserabel bezahlten Gelegenheitsjobs durch. Ansonsten aber lassen sich die Geschichten japanischer Trebegänger mühelos mit denen der deutschen vergleichen. Kaputte Familien, Schulprobleme und Arbeitslosigkeit treibt auch japanische Jugendliche auf die Straße oder besser: ins Internetcafé.

Diese Cafés bieten rund um die Uhr nicht nur ein trockenes Plätzchen mit ganz viel Ablenkung vom eigenen Elend, sondern auch Duschen und ein wenig Privatsphäre in Einzelkabinen. Für relativ wenig Geld – eine Kabine kostet monatlich so viel wie ein Platz im städtischen Wohnheim – lässt sich hier sauber und sicher die gesamte Nacht verbringen. Manche der jungen Leute sind hier schon so fest etabliert, dass sie das Café als Wohnsitz angeben. Herr Saito, der Betreiber eines Internetcafés in der Stadt Saitama, bezeichnet sich mit diesem Service als Retter in der Not: „Wer keine Wohnung hat, bekommt von der Stadt keine Meldebescheinigung. Ohne Meldebescheinigung kann man sich aber nicht um einen ordentlichen Job bewerben. Wir bieten den Leuten eine Postadresse und leisten so unbürokratische Hilfe zum Neuanfang." Das Konzept ist erfolgreich, mittlerweile gibt es in Tokyo mehrere Zweigstellen und tatsächlich akzeptieren einige Verwaltungen sie als offiziellen Wohnort. Ungern spricht Herr Saito darüber, dass die Net Cafés ordentlich Umsatz machen, denn die Kosten für einen sogenannten Longstay belaufen sich pro Monat auf umgerechnet 600 Euro. Dafür ließe sich auch in den Ballungsräume eine Ein-Raum-Wohnung mieten – wenn man denn Bürgen und festen Arbeitsplatz vorweisen könnte.

„Das ist doch alles eine Frage der Einstellung", sagt mir der Manager beim Abschied. „Die Leute landen hier nicht aus Verzweiflung, das ist ein ganz neuer Lifestyle!"

Wer sich unter den Stadtstreichern diesen „neuen Lifestyle" nicht leisten kann, für den gibt es immer noch das Fast-Food-Restaurant in Gelb und Rot. Für eine Tasse Kaffee lässt man hier die Gestrandeten die ganze Nacht sitzen. Es sei denn, es werden allzu viele wie in den Zweigstellen der Zentralbahnhöfe. Seit einiger Zeit schließen die vormals 24 Stunden geöffneten Fast-Food-Restaurants von 2 bis 4 Uhr nachts. „Um gründlich auszufegen", erfahre ich auf Anfrage. Nicht wenige Heimatlose kehren um Punkt 4 Uhr wieder zurück, müssen dann allerdings in eine zweite Tasse Kaffee investieren. Die sogenannten Mc-Flüchtlinge (japanisch: *Mac Nanmin*) machen mittlerweile ein Drittel der Nach-Mitternacht-Kundschaft aus. Die Angestellten drücken ein Auge zu. Nur bei allzu jungen Ausreißerinnen greifen sie ein und rufen schon mal unauffällig die Polizei. In den Ballungszentren Tokyo, Osaka und Nagoya hat man mittlerweile die Dringlichkeit erkannt, die jungen Erwachsenen von der Straße zu holen, und eigens für diese Altersgruppe Beratungsstellen eingerichtet. Praktische Soforthilfe leisten allerdings nur private Hilfsorganisationen. Allen voran die ausländischen Missionsstationen, die die Ärmsten Japans regelmäßig mit Essen versorgen. Die amerikanische Botschaft importiert jedes Jahr Reis aus den Staaten zu dem alleinigen Zweck, die Kirchen in Shinjuku, Tokyos schickem Regierungsviertel, mit kostenlosen Reisbällchen zu versorgen. Botschaften dürfen Reis importieren, japanische Organisationen nicht, denn schließlich gilt es, die japanischen Bauern vor Billigreis aus dem Ausland zu schützen. Wenn die Missionen abends ihre Küchen öffnen, verwandelt Tokyo sich in die Kulisse eines dieser düsteren Weltuntergangsfilme. Hoch oben unter den Dächern der architektonischen Meisterwerke Shinjukus entspannen die Menschen nach einem langen Arbeitstag in einer kostspieligen Bar. Im Schatten der Häuserblocks windet sich stumm eine endlose Schlange Hungriger um die Häuserblocks und bangt, ob das warme Essen wohl diesmal ausreichen wird. Auch das ist Alltag in Japan.

Menschenskinder!

„Nein, ich gehe nicht mehr in die blöde Schule!",
schreit meine Tochter und hält sich standhaft am
Türrahmen fest. So geht das nun schon seit einigen
Tagen. Was ist mit meinem wissbegierigen Kind nur
los? Seit drei Wochen ist die Kleine ein *pikapika Ichi-
nensei*, ein glänzend neuer Erstklässler, wie man hier
sagt. Mit Begeisterung hat sie im Kindergarten das
Einschulungslied gelernt, mit dem man ihr „über
hundert neue Freunde" versprochen hat. Und nun
das: Kopfschmerz, Übelkeit und der beinahe tägliche Anruf der Schule, dass ich das Kind bitte abholen
möge. Ich schaue mein weinendes Kind an, atme einmal tief durch. Dann greife ich zum Telefon, melde
sie für den Tag krank und mache einen Termin mit
der Klassenlehrerin aus.

Inamoto-sensei[1] ist eine ältere Lehrerin und hat nicht
zum ersten Mal über 30 Erstklässler zu betreuen. Sie
meint, mein Kind hätte keine großen Probleme und
würde doch immer alles mitmachen. „Nur wenn ich
die Aufgaben austeile, sitzt sie teilnahmslos da. Sie
kann halt noch nicht lesen und muss die Fragen von
mir extra erklärt bekommen." Ich glaube, mich ver-
hört zu haben. Natürlich kann das Kind noch nicht
lesen, es geht ja erst seit ein paar Tagen zur Schule! „Bei unserer Schule ist es üblich, dass die Kinder
die Silbenschriften und Grundrechenarten bereits
vor Schulbeginn beherrschen. So können wir dann
gleich von Tag eins an loslegen", erklärt mir Inamoto-sensei. Damit keine Missverständnisse aufkom-

---

1 *Sensei* ersetzt die Anrede *-san* bei Lehrern und Ärzten;
es kann als Anrede allein stehen oder als Anhang am
Namen verwendet werden.

men: Unsere Grundschule ist keine elitäre Privatschule mit Uniform, sondern eine ganz gewöhnliche Bezirksgrundschule. Hierhin gehen alle Kinder unseres Wohngebietes und wir bezahlen nur das Mittagessen aus der Großküche.

„Ich mache mir da keine Sorgen um Ihre Tochter. Sie spricht fließend Japanisch, da wird sie bald aufgeholt haben", meint die Lehrerin freundlich zum Abschied. Wieder daheim frage ich sofort nach. Und richtig, das Kind fühlt sich ausgeschlossen und dumm. Arme Kleine, denke ich, nun fühle ich mich auch irgendwie ausgeschlossen und dumm. Als alle anderen Kinder im Kindergarten die teure Nachmittagsschule zum Lernen besuchten und sie gerne mitgegangen wäre, habe ich Rabenmutter abgewiegelt und gesagt: „Schau, dafür ist die Schule da. Jetzt ist Zeit zum Spielen und später lernst du dann wie die Großen. Das wird sonst gaaanz langweilig am Anfang". Von wegen. Wir lebten in Tsukuba, der Science City von Japan. Rings um uns nur Wissenschaftler mit ehrgeizigen Wissenschaftlerehefrauen und deren intensiv betreuten Wissenschaftlersprösslingen. Lernen hatte hier eine ganz besondere Dimension.

Dabei war das Mädchen ja nicht unser Versuchs-Erstklässler in Japan. Ihr großer Bruder besuchte mittlerweile ohne nennenswerte Probleme die vierte Klasse. Doch seine Erstklässlererfahrungen machte er nicht in der Forscherstadt Tsukuba, sondern in der ganz gewöhnlichen Millionenstadt Sendai. Dort war er der einzige Ausländer an der sehr großen Grundschule, dort gab es nicht nur Kinder der Bildungselite, sondern überwiegend Schüler, deren durchschnittliche *Salariman*-Väter ihr Leben nicht ausschließlich der Forschung widmeten. An der Schule in Sendai fing man wirklich bei Null an und kaum ein Kind hatte Vorwissen. Hier ging es beim

Ausflug ganz klassisch in den Zoo und nicht zur NASDA, der japanischen Raumfahrtbehörde, wie das später die Drittklässler in Tsukuba machten. In Sendai präsentierten die Kinder am Tag der offenen Tür Selbstgebasteltes und keine Posterpräsentationen über erste Forschungsversuche, vor denen dann die stolzen Väter in der Mittagspause fachsimpelten. Unser Ältester erlebte beide Welten intensiv. Noch in Sendai besuchte er den einzigen Waldorf-Kindergarten nördlich von Tokyo, er hatte also weder Erfahrung in der schrill-bunten Welt der Mangafiguren noch frühkindlichen Unterricht in Lesen und Schreiben erhalten. Dafür konnte er Reis ernten und seinen Namen tanzen. Diese für Japan ungewöhnlichen Fähigkeiten kosteten uns auch nicht mehr als andere private Kindergärten in Sendai: rund 1 000 Euro als Aufnahmegebühr und monatlich knapp 350 Euro. Japanische Standardpreise also. Dafür verfügt hier jeder Privatkindergarten über eigene Buslinien und sammelt seine Schützlinge im gesamten Einzugsgebiet ein und bringt sie am Nachmittag wieder heim. Einen Platz in einem städtischen Kindergarten für knapp 80 Euro monatlich bei gleichem Qualitätsanspruch gibt es in Großstädten nur für sozial schwache Familien – Bewerbung hoffnungslos.

In Tsukuba ist alles anders. Um junge Familien anzulocken, investiert hier die öffentliche Hand massiv in die Bildungseinrichtungen. Kein Kind muss mehr als ein paar Minuten zur nächsten Grundschule laufen, mehrere Freibäder bieten im Sommer eingebettet in den zahlreichen Parks für wenig Geld Abkühlung. Großzügige Spielflächen unter schattigen Bäumen umgeben die öffentlichen Kindergärten in traditioneller Bauweise mit viel Holz, eine Seltenheit in Japan. Gewöhnlich ist die Architektur von Kindereinrichtungen von übermaltem Waschbeton und lieblos

hergerichteten Spielplätzen dominiert und strahlt
eine Tristesse aus, die man eher bei alten Berliner
Plattenbauten erwartet als in Japan. War ich in Sendai
ein strikter Gegner von kitschigen Kindergärten mit
Hello-Kitty-Motiven und regelmäßiger Fernsehstun-
de, meldete ich unsere vierjährige Tochter nach unserem Umzug nach Tsukuba im städtischen Kindergarten um die Ecke an. Ich wollte es nochmals tapfer
mit dem fr21herzieherischen Mainstream Japans versuchen. Natürlich gab es auch hier private Einrichtungen der etwas anderen Art, wie zum Beispiel einen Montessori-Kindergarten. Aber der lag sehr weit
weg (ohne Bus!) und sollte 800 Euro im Monat kosten. Außerdem gab es noch einen Waldkindergarten,
bei dem die Kinder während der Betreuungsstunden
täglich stundenlang umherliefen und im feucht-hei-
ßen Sommer extrem erschöpft heimkehrten. Natur
ist klasse, aber vor Müdigkeit taumelnde Kleinkinder fand ich dann doch etwas erschreckend. Nicht
zu vergessen die Internationale Schule mit integrier-
tem Kindergarten. Beides untergebracht in einem gewöhnlichen Familienhaus unter der Leitung beseel-
ter amerikanischer Missionare. Seitdem ich einmal
ein längeres Gespräch mit zwei jungen und äußerst
schnieken Mormonen hatte, die mir ernsthaft weis-
machen wollten, dass Jesus in Salt Lake City gelebt
habe, finde ich nicht mehr den richtigen Draht zu
den Leuten. Nichts vom breit gefächerten Spektrum
der Früherziehung gefiel mir wirklich. Letztendlich siegte die Vernunft, der ordentliche Kindergarten mit Hühnern, Kaninchen und großzügigen Räumen der Stadt erhielt meinen Segen. Als öffentliche
Einrichtung mussten wir kein Interview überstehen
und auch keine Sonderzahlungen, wie Interview-
gebühren, Formulargebühren, Aufnahmegebühren
und diffuse „Allgemeine Benutzungsgebühren", au-

ßerhalb der regulären Monatsgebühren leisten. Später zwang man uns allerdings durch Gruppendruck zum Kauf einer bestimmten Tasche und einer Mütze, wohl als eine Art Ersatzuniform. Obwohl wir im Sommer umzogen und unsere Tochter im Herbst vier Jahre alt wurde, begann für sie der Kindergarten erst im folgenden April. So will es das japanische Prozedere. Private Kindergärten bieten schon für Dreijährige Plätze an, doch auch hier beginnt das Kindergartenjahr für alle an einem bestimmten Tag im April und nicht am individuellen Geburtstag. Später werden die Kinder eines Jahrgangs alle gemeinsam in die Schule aufrücken, sogenannte „Kann-Kinder", die schon mit fünf eingeschult werden, sieht das System nicht vor. Die Aufnahme in den Kindergarten wird übrigens ebenso groß gefeiert wie der Eintritt in die Schule. Kind, Eltern und Großeltern tragen ihre besten Kleider, wenn der Nachwuchs zum ersten Mal mit Kindergartentasche, Mütze und Namenschild in seinen Gruppenraum marschiert, nachdem die Leitung eine emotionale Rede gehalten hat. Denn mit dem Kindergarten kommt der große Einschnitt im Leben, das Kind ist nun quasi öffentlich. Und wird damit zum Aushängeschild der Familie. Und wer trägt dafür fortan die Verantwortung? Natürlich Mama.

Mütter sind nicht nur die Sonne im Universum eines jeden japanischen Kleinkindes. Auch lange Jahre nach dem Entwöhnen von Fläschchen und Windel ist die Bindung der Mutter besonders an ihre Söhne extrem eng. Es gibt nicht wenige Buben, die noch im Teenageralter das Schlafzimmer mit Mama und Papa teilen, und das nicht nur aus Raumnot. Die enge Bindung wird den jungen Männern irgendwann zum Verhängnis, spätestens bei der eigenen

Partnerwahl. So ist Japan leider auch das Land des sogenannten *mother-kon*, des Mutterkomplexes. Es fehlt einfach an Männern in der japanischen Kinderwelt. Mütter, auch die verheirateten, ziehen ihre Kinder praktisch alleine auf, Väter spielen bei der Kindererziehung immer noch keine allzu große Rolle. Das fängt eigentlich schon vor der Geburt an: Kaum ein Mann kommt mit zur Vorsorge, immerhin erscheinen die werdenden Väter pflichtbewusst in den Geburtsvorbereitungskursen, und rund die Hälfte bleibt bei der Entbindung an der Seite ihrer Frau. Obwohl das laut Statistik nur acht Prozent freiwillig tun, der Rest ergibt sich seinem Schicksal und tut, was die Frau wünscht. Es sind immer noch die angehenden Großmütter, die den Frauen zur Seite stehen. Viele ziehen einen Monat vor dem großen Augenblick bei der Tochter ein oder diese hat sich gleich bei den Eltern in der Nähe ein Krankenhaus ausgesucht. Und wohnt die letzten Wochen wieder daheim. Denn Schwangere sollen sich in Japan schonen. Wo sie auch hinkommen, werden sie umhegt und umpflegt. Und das nicht nur, weil die Geburtsraten stetig fallen, dieses Überbehüten ist für ganz Asien typisch. Während wir so lange wie möglich „alles wie immer" machen, fallen asiatische Schwangere in einen Nebel des seligen Nichtstuns. Kommt der große Augenblick und das Kind ist da, sind die Ehemänner selbstverständlich stolze Väter und begeisterte Besucher, andere Rollen übernehmen sie zunächst nicht. Meist nimmt ihnen eine energische frisch gebackene Großmutter sämtliche Verantwortung ab und der junge Papa geht am nächsten Tag schon wieder brav in die Firma. Er weiß, Mutter und Kind sind bestens versorgt, sein Part ist der Gang ins Rathaus und das Feiern mit Kollegen, das war's dann erst einmal. Hat sich daheim mit der Unterstützung der älteren Generation alles eingespielt und die neue Mutter traut sich die Säuglingspflege alleine zu, läuft der Babyalltag auch ohne seine Hilfe. Ist Not am Mann, sind japanische Väter natürlich sofort zur Stelle, doch wegen Familienzuwachs regelmäßig früher nach Hause zu kommen, das ginge dann doch zu weit. Hier könnte die aktuelle Wirtschaftskrise allerdings etwas Gutes bewirken. Allzu viele Überstunden sind nicht mehr so gerne gesehen, wenigstens am Wochenende sollten den Vätern in Zukunft die Werkstore verschlossen bleiben. Mit zunehmender Begeisterung bespaßen dann Japans Väter ihren Nachwuchs. Wenig überraschend liegt hier der Anteil zufriedener Väter höher als bei den Müttern.

Die weiterhin stark ausgeprägte Rollenaufteilung hat natürlich ihren Preis. Mütter entscheiden weitgehend allein, wie das Kind erzogen wird und womit es seine Zeit verbringt. Kaum ein Vater macht sich die Mühe, später Kindergarten und Schule selbst einmal in Augenschein zu nehmen. Einmal im Jahr kommt er zum Sommerfest und natürlich zur tränenreichen Verabschiedung der Kindergartenzeit im März des siebten Lebensjahres. Die Mütter müssen derweil das ganze Jahr über aktiv bei der Gruppenarbeit mithelfen, ein wichtiger Grund, warum Mütter mit kleinen Kindern kaum arbeiten gehen. Die betroffene Familie wäre sozial völlig isoliert. Die Verpflichtung zum regelmäßigen Basteln, Kochen oder Betreuen bei Ausflügen entfällt immerhin in der Grundschule. Jetzt gibt es neben dem amüsanten Sportfest mit Picknick, bei dem die meisten Väter gelangweilt neben den schwatzenden Frauen sitzen, nur noch den gefürchteten Elterntag und den Lehrerbesuchstag. Beide Tage werden von Vätern gemeinhin gemieden, und das mit gutem Grund. Am japanischen Elterntag sind die Eltern aufgefordert, sich ihre Sprösslinge während des Unterrichts anzuschauen. In Deutschland geht so etwas nur mit besonderer Genehmigung der Schulbehörde, in Japan ruft die Schule dreimal im Jahr zu dieser Vorstellung der besonderen Art. Der Elterntag ist hart für die Frauen, denn nun zeigt es sich, ob der Nachwuchs sich auch ohne die mütterliche Hand zu benehmen weiß. Für die einen endet die Schaustunde im Schock, andere finden das Ergebnis besonders schön. Logisch, zu welcher Hälfte ich mich regelmäßig zählen durfte. Dabei zog ich brav wie alle anderen Mütter mein dunkles Kostüm mit Perlenkette an und stellte mich möglichst unauffällig hinten an die Klassenwand. Dort standen wir nun aufgereiht wie die Hühner auf der Stange und taten so, als ob wir allesamt unsichtbar wären. Trotzdem war sofort klar, zu wem der ungeduldige Junge in der vierten Reihe gehörte. Genau der, der immerzu ungefragt die Antworten in den Raum rief. Es sollte allerdings noch schlimmer kommen. Den Kindern wurden große Lernkarten mit Übungen zur Multiplikation hingehalten. Die Schüler riefen sofort die Antworten in den Raum – in diesem Fall gewünscht. Ich konnte die Aufgaben kaum lesen, so schnell zückte Sensei eine Karte nach der anderen. Und alle bis auf einen wussten wie aus der Pistole geschossen die richtige Antwort. Wer war wohl der eine? Richtig, es war der Junge, dessen Mutter bei den Hausaufgaben daheim immer gesagt hatte: „Junge, lass dir Zeit. Denk in Ruhe nach, niemand hetzt dich." Niemand hetzt dich? Schön wär's.

Dafür konnte ich beim zweiten Schreckenstag der japanischen Grundschulwelt, dem Lehrerbesuchstag, ordentlich punkten. Was bei uns noch nicht mal das Jugendamt darf, macht hier regelmäßig jeder Grundschullehrer: Einmal im Schuljahr schaut der Klassenlehrer vorbei, um sich einen Eindruck von den Familienverhältnissen seiner Schützlinge zu machen. Vorab erhält jede Familie eine Mitteilung, wann Sensei in den eigenen vier Wänden erscheinen wird. Komplett mit Regelkatalog: „Bitte halten Sie die zehn Minuten Besuchszeit ein. Servieren Sie keinen Kuchen und Getränke." Sensei kam immer wesentlich später als angekündigt, denn natürlich servierten alle Mütter Selbstgebackenes mit einer Tasse Tee oder Kaffee. Sensei schaute sich dezent im auf Hochglanz polierten Wohnzimmer um, ließ sich von den Kindern ihr Lieblingsspielzeug zeigen und plauderte über Fortschritte und Zielvorgaben. Am nächsten Tag verglichen die Mütter dann eifrig, wie lange sie wo gesessen hatte. Immerhin waren wir hier eindeutiger Spitzenreiter.

In unserem Wohnblock gab es so viele Kinder, dass die Familien sich zusammenschlossen und für einen Nachmittag in der Woche einen Kalligrafielehrer für die Kinder in den Gemeinschaftsraum bestellten. Der Lehrer erhielt sein Geld immer in bar, einmal im Monat steckte ich umgerechnet 20 Euro in einen Umschlag, den der Mann als Beleg abstempelte und dem Kind wieder zurückgab. Das deutsche Finanzamt wäre von den japanischen Methoden entsetzt gewesen! Je nach Klassenstufe erhielten alle Kinder Unterricht im Schreiben mit dem Pinsel, zur Vorbereitung auf die Schule, denn ab der fünften Klasse gab es das dann auch als Schulfach. Undenkbar, erst dann mit dem Üben zu beginnen! Unser Ältester ist Linkshänder, allerdings durfte er nur bei dem Privatlehrer mit links schreiben, später in der Schule sollte er das Schönschreiben ausschließlich mit der rechten Hand ausüben. Daran wurde nicht gerüttelt. Ich kannte diese Sturheit noch aus meiner Kindheit, auch mir brachte man noch das Schreiben mit dem „schönen Händchen" bei, wie der Rheinländer zu sagen pflegt.

Auch das Schwimmen konnte man bei uns gleich um die Ecke lernen. Im öffentlichen Schwimmbad brachte eine ältere Dame unseren Kindern das Schwimmen bei. Sie sammelte ihre Schüler vor dem Drehkreuz und marschierte dann mit ihnen rein, denn eigentlich durfte man dort ja keinen Unterricht abhalten. Schon gar nicht gegen Bargeld, das auch hier im obligatorischen Umschlag hinter einer Säule diskret überreicht wurde. Brustschwimmen gab es bei ihr nicht, es wurde gleich losgekrault und später kam der Butterfly hinzu. Erst im Nachhinein habe ich von ihren etwas rabiaten Methoden erfahren.

Mit moderner deutscher Kleinkindererziehung kannte ich mich absolut nicht aus, diese Jahre verbrachte ich mit den Kindern fast nur in Japan. Ich hatte aber gehört, dass Babyschwimmen ein absolutes Muss sei. Es war wohl eine Art Heimwehanfall, der mich ins Becken trieb. Eigentlich bin ich eher wasserscheu. Zuerst aber musste ich für den Knirps und für mich Badekappen in Rosa kaufen und immer schön eine Chlorbrille tragen. Das sollte Mamis Augen schützen. Dass die Babys das Chlorwasser gleich literweise schluckten, störte hingegen niemanden. Alle 20 Minuten ertönte ein Signal und wir kletterten für zehn Minuten aus dem warmen Wasser. Nachdem zweimal Babys unserer Gruppe von ihren Müttern unbemerkt ins Wasser kippten (und zum Glück gleich wieder herausgezogen wurden), bin ich nicht mehr hingegangen. Das war wohl nur ein Vorwand, in Wirklichkeit wollte ich nicht mehr zu albernen Liedern am Beckenrand tanzen, um warm zu bleiben. Und das im rosa Partnerlook!

Geordnete Strukturen mit regelmäßigen Terminen gibt es für Mütter und ihre Kleinen wenig, auch Krabbelgruppen sind selten. Eine ehemalige

Schwangerengruppe trifft sich später nie, denn die paar Mal gemeinsame Geburtsvorbereitung (wohlmöglich noch mit Männern) reichen nicht, um ein Gemeinschaftsgefühl aufzubauen. Die anwesenden Männer verhindern ein Annähern, ihre gesellschaftliche und berufliche Position entscheidet gewöhnlich über ein Miteinander. In den Kursen befinden sich alle im Ausnahmezustand und können nicht so recht damit umgehen. Also ignoriert man sich gegenseitig so weit wie möglich, obwohl die Hebamme sich verzweifelt bemüht, einsamen Gestalten Anschluss zu vermitteln. Klappt aber nicht. Ich erinnere mich an ein älteres Paar, das nach langen Ehejahren endlich schwanger wurde, wie die Frau direkt losquasselte. Während alle anderen gerade mal Namen, Wohnort und die Anzahl schon vorhandener Geschwisterkinder aufzählten, berichtete sie von Haustieren als Babyersatz und von ihren schwankenden Gefühlen zwischen Glück und Angst. Dem Mann war das alles furchtbar peinlich. Die sehr junge Hebamme sagte auch immer nur Floskeln wie „Ach, was für ein Glück für Sie!" und ignorierte die Nervosität der werdenden Mutter. Ich will hoffen, dass sie unter vier Augen persönlicher wurde.

Organisierte Treffen nur für Schwangere gibt es in Japan nicht. Kein Krankenhaus, kein Sportverein oder gar die Volkshochschule bieten Gymnastikkurse oder andere Arten der Gemeinschaft an. Wenn wir mal den grundsätzlichen Geburtsvorbereitungskurs außer Acht lassen, der nun auch nicht gerade zur Entspannung einer Erstgebärenden beiträgt. Bei meiner ersten Schwangerschaft wollte ich unbedingt wissen, wie groß denn nun der Wehenschmerz sei. Meine schlimmsten Erfahrungen hatte ich bis zu jenem Zeitpunkt bei (deutschen) Zahnärzten gemacht. Die Hebammen schauten sich nur bedeutungsvoll an und meinten, ein wenig qualvoller wäre es schon. Dieser Blick irritierte mich ein wenig, aber ihre wiederholte Betonung, es gäbe trotzdem unter keinen Umständen Schmerzmittel, hätte mich stutzig machen sollen. Heute, drei Kinder später, weiß ich es natürlich besser. Japaner lieben Pillen gegen alles, allein Schmerzmittel scheinen für sie Teufelswerk zu sein. Nur westliche Memmen wie ich jammern immerfort, den Japanerinnen kommt erstaunlicherweise niemals auch nur ein Piep über die Lippen.

Wer außer der Hebamme sollte einem vorab schonungslos die Wahrheit sagen? Natürlich andere glückliche Mütter, die nur allzu gerne ihre Sternstunden im Kreißsaal mit anderen Schwangeren teilen. Und die finden sich in Japan eigentlich in jedem Wohnblock. Dort wird man zumeist von der jüngeren Generation mit offenen Armen empfangen. Es ist ein Ammenmärchen, dass Japaner niemals Gäste zu sich nach Hause einladen. Kennt man sich erst einmal, bleiben die Türen gewöhnlich den ganzen Tag offen. Da sitzt man dann unter der aufgehängten Wäsche, bereitet für die Kinder einen Snack zu und verbringt so ganze Tage in trauter Gemeinsamkeit. Wenn es dann ans Abendessen geht, löst sich die Mutter-und-Kind-Gesellschaft langsam auf. Schnell muss noch eingekauft und gekocht werden, bevor der Ehemann wieder zurück ist. Der bekommt von der Bienenkorbatmosphäre seines Wohnblocks selten etwas mit.

Trotzdem hat das Jugendamt Sorge, dass sich frisch gebackene Mütter allzu sehr isolieren. Bei den im Gesundheitsamt stattfindenden Reihenuntersuchungen und Impfterminen wird heutzutage immer nachgefragt, ob man denn daheim auch Hilfe und Ansprechpartner habe.

Das gilt natürlich ganz besonders für Alleinerziehende, deren Zahl stetig ansteigt. Unglaublich aber Tatsache: Über ein Drittel der japanischen Eheschließungen sind sogenannte „Ups-schon-schwanger!"-Hochzeiten. Und das geht immer weniger auf Dauer gut. Die Scheidungsrate liegt heute bei knapp einem Drittel. Über 90 Prozent der Ehen werden im gegenseitigen Einverständnis beendet. Das geht in Japan genauso einfach wie das Heiraten selbst: Ein Formular wird im Rathaus ausgefüllt und mit dem Namensstempel beider Seiten besiegelt, und schon ist man wieder ein freier Mann oder eine freie Frau. In diesem Verfahren erhält fast immer die Frau automatisch das alleinige Sorgerecht für die Kinder, allerdings ohne regelmäßige Unterhaltszahlungen seitens des Vaters. Meist zahlt er seiner Exfrau eine Abfindungssumme und hat damit seine Schuldigkeit als Erzeuger ein für alle Mal getan. Die Frauen müssen dann sehen, wie sie die Kinder durchbringen und suchen oft Unterschlupf bei den eigenen Eltern. Damit verfällt allerdings auch ihr Anspruch auf staatliche Unterstützung, mit einem Höchstsatz von monatlich knapp 350 Euro pro Familie. Dabei geht es diesen Familien noch gut. Ist die Mutter bei der Geburt ihres Kindes unverheiratet, hat sie merkwürdigerweise keinen Anspruch auf Unterstützung. Also sehen die meisten Schwangeren erst mal zu, so schnell wie möglich unter die Haube zu kommen. Zeit zur Umkehr ist dann später immer noch.

Leider sind ungewollte Schwangerschaften immer noch allzu häufig, die Pille ist erst seit 1999 zugelassen. Ihren „unmoralischen Ruf" hat sie beibehalten und wird weiterhin kaum genutzt. Unverheiratete minderjährige Mütter werden allzu oft entweder zur Abtreibung gezwungen – in Japan geht das bis zur Volljährigkeit gegen den Willen der leiblichen

Mutter –, oder das Kind wird zur Adoption freigegeben. Dies geschieht besonders häufig, wenn die Eltern nicht beide Japaner sind und das Würmchen auch noch die falsche Farbe oder Nase hat. Kinder aus Mischehen haben es nicht leicht, ganz besonders nicht, wenn der Vater farbig ist. So interessant Menschen aus anderen Kulturen sind, der Durchschnittsjapaner will sie nicht unbedingt in der eigenen Familie haben. Alleinerziehende mit einem exotisch aussehenden Kind sind also mit einem doppelten Stigma beladen, das vor allem sehr junge Frauen kaum bewältigen können. Mit ein wenig Glück finden ihre Babys schnell und relativ unbürokratisch neue Eltern. In unserem Freundeskreis adoptierten zwei ausländische Paare innerhalb von wenigen Wochen so genannte *Halves*, halbjapanische Babys. In einem Fall übergab die blutjunge Mutter meiner Freundin ihr zwei Monate altes Mädchen persönlich. Ihre eigene Mutter begleitete sie dabei und ich frage mich heute immer noch, ob sie nicht die treibende Kraft hinter der grausamen Aktion war.

Ich selbst habe mit meinen sehr asiatisch aussehenden Kindern nie unangenehme Reaktionen in Japan erlebt. Immer wieder wurde ich von Fremden angesprochen, die sich über ihre großen Kinderaugen freuten. „Oh, der Papa muss Japaner sein!“, war der übliche Kommentar. Meist lächelte ich nur zur Antwort. Warum alles unnötig komplizieren? Schlechte Erfahrungen machten wir nur zurück in Deutschland. Angefangen von Hänseleien in der Schule, merkwürdigerweise nur von anderen Ausländerkindern, bis hin zum Misstrauen beim Einkauf: „Zu wem gehörst du denn? Bist du hier ganz allein?“ Den Vogel schoss eine ältere Dame an einem Strand in Südeuropa ab: „Wo haben Sie denn Ihre Kinder her? Unsere Tochter hat die Kinder aus Vietnam!“ „Was denken Sie denn?", empörte sich meine Mutter sofort. Auf ihre Enkelkinder lässt sie nämlich nichts kommen. „Die Kinder gehören zu uns, seitdem sie nicht größer als eine Erbse waren. So was können wir noch ganz gut alleine!" Zufrieden schaute sie der armen Frau beim Rückzug zu. Ihre Berliner Schnauze hatte mal wieder unsere internationale Familienehre gerettet.

Knast goes Geriatrie

Klack, klack, klack. Pause. Und wieder: klack. Entnervt wälze ich mich im Bett und verfluche den japanischen Sommer. Warum müssen die Alten unseres Stadtviertels schon um fünf Uhr morgens Gateball[1] spielen? Um sieben ziehen sie alle fröhlich davon, die Sonne brennt schon kräftig vom Himmel und den Herrschaften wird es für sportliche Aktivitäten zu heiß. Genervt sehe ich einem neuen Tag entgegen, die Senioren stehen schon mitten drin.

Japans Silver Citizens, wie man hier höflich die Grauschöpfe nennt, nehmen einen stetig wachsenden Anteil der Bevölkerung ein. Die 20-Prozent-Marke haben sie schon überschritten, laut Prognosen werden 2055 über 40 Prozent der Japaner ihren 65. Geburtstag hinter sich haben. Damit ist man natürlich nicht schlagartig alt, dieses Gefühl beschleicht das Gros erst weit jenseits der 70. Japan ist nicht umsonst das Land der Hundertjährigen. Und so reisen die rüstigen Herrschaften nicht nur rund um den Globus, sondern sind auch daheim rund um die Uhr beschäftigt. Neben Haushalt und Schrebergarten helfen sie oftmals noch in kleinen Betrieben aus oder unterstützen das Familiengeschäft. Andere bringen sich in gemeinnützige Projekte ein, stehen ehrenamtlich Kindergärten und Krankenhäusern zur Verfügung. Und sie lernen fleißig, sei es eine neue Sprache oder ein Musikinstrument. „Schauen Sie mich an", sagt die 83-jährige Frau Uno, „manchmal wollen meine Beine nicht mehr so richtig. Aber hier oben", dabei tippt sie auf ihren Kopf,

---

1 Eine Art Crocket, gilt in Japan als die ideale Sportart für Senioren.

„bin ich noch voll da!" Frau Uno liebt das Reisen, sie war schon in vielen Ländern und genießt es sichtlich, an mir ein paar Brocken Englisch auszuprobieren. Einmal in der Woche geht sie ins Gemeindezentrum zur Konversationsstunde. Eine Dame der Nachbarschaft war früher Englischlehrerin, nun drillt sie die Älteren sanft in korrekter Aussprache. Die emsige Frau Uno ist kein Einzelfall, das Erweitern des Horizontes gilt allen Altersstufen als sinnvolle und durchaus angenehme Beschäftigung. Wer nicht gerade einen Kurs belegt, bringt anderen etwas bei. Frau Uno lehrt als Veteranin der örtlichen Hausfrauenvereinigung jungen Ehefrauen das Führen eines Haushaltbuches. „Ich rechne immer genau nach, wenn sie mir ihre Bücher zur Prüfung vorlegen. Bisher ist mir noch nichts entgangen. Ich finde immer die Posten, wo die jungen Dinger zu viel Geld ausgeben!" Sie lacht. Ich will wissen, ob sie auch Gateball spielt. Was für eine Frage! Alle älteren Herrschaften, die nicht den Anschluss in der Nachbarschaft verlieren wollen, spielen regelmäßig mit. „Wenn ich morgens aufwache, weiß ich, dass die anderen mich später erwarten. Das gibt mir Schwung für den neuen Tag. Ich bewege mich an der frischen Luft, und wir haben alle unseren Spaß. Bewegung ist wichtig für uns Alte!".

Doch noch mehr als körperlichen Verfall fürchten Frau Uno und ihre Altersgenossen *Boke*. Boke umfasst so ziemlich alles zwischen schusseliger Vergesslichkeit bis hin zur schweren Demenz. Und so kämpfen sie unermüdlich mit neuen Herausforderungen dagegen an. Manche lernen wie Frau Uno Englisch, andere Senioren hegen den Ehrgeiz, perfekt in Kalligraphie zu werden. Natürlich rätseln und knobeln sie auch gerne mal, Japan ist bekanntlich das Mutterland des Rätselphänomens Sudoku.

„Menschen, die lange leben, haben eins gemeinsam: Sie sind nicht übergewichtig", sagt Dr. Hinohara, selbst 98 Jahre alt und in Japan schlichtweg die Koryphäe für Altersfragen. „Essen Sie nur so viel, dass Ihr Magen 80 Prozent ausgelastet ist. Ich trinke morgens Kaffee und Saft, esse eine Kleinigkeit zu Mittag und abends Gemüse mit Fisch oder Fleisch." Für ein langes Leben sollen Senioren es so halten wie Kinder und sich nicht um Regeln wie festgesetzte Schlafenszeiten oder Mahlzeiten kümmern. Und: „Wenn wir Freude haben, dann vergessen wir Schmerzen und Unwohlsein. Freude ist die beste Medizin. Und natürlich Arbeit", fügt er lachend hinzu. Dr. Hinohara hält nicht viel vom Rentnerdasein. Falls überhaupt, sollte das viel später als mit 65 beginnen. War es früher in Japan üblich, die Angestellten der Unternehmen mit 55 in den Ruhestand zu schicken, verlassen sie heute die Betriebe in der Regel mit 60. Doch erst ab 65 Jahren setzt die Rente ein. Langjährige Angestellte erhalten als Betriebsrente eine hohe Abfindungssumme, damit überbrücken sie die Jahre bis zum Start der regelmäßigen Rentenzahlungen. Ist dies nicht der Fall, stellen ihre Unternehmen sie entweder zu schlechteren Bedingungen wieder ein oder sie müssen sich einen neuen Job suchen.

Vielen Japanern reicht die Rente allein nicht. So überlegen sich einige, ob das Leben auf dem Land nicht eine kostengünstige Alternative sein kann. Gemüseanbau und Fischen sollen Kosten senken helfen und gleichzeitig einen gesunden Lebensstil ermöglichen. Doch viele der alten „Jungbauern" überschätzen ihre eigenen Fähigkeiten und betrachten die Landwirtschaft als eine Art Hobby im Extremformat. Die überschwängliche Berichterstattung in den Medien hat zu diesem Missverständnis erheblich beigetragen und wahrscheinlich nicht wenige Rentner in den finanziellen Ruin getrieben. Andere suchen sich lieber in der Stadt eine Anstellung, um über die Runden zu kommen. So findet sich neben den Pensionären, die wohlsituiert ihren Lebensabend genießen, eine große Dunkelziffer ausgelaugter Alte. Sie fegen die Bahnsteige, zupfen in öffentlichen Parks Unkraut oder regeln an Baustellen den Verkehr.

Unser alter Familienfreund Herr Sato ist ein typischer Vertreter der arbeitenden Alten. Er ist 77 Jahre alt. Bis vor ein paar Jahren betrieb er eine kleine Firma für Restaurantbedarf. In den Neunzigerjahren boomte das Geschäft, er kam mit den Aufträgen kaum hinterher. Dann kam die Wirtschaftskrise, und die Gastronomie erwischte die Sparwelle. Das Ehepaar Sato hatte plötzlich nur noch die staatliche Grundrente als regelmäßiges Einkommen. Die alte Mutter, sie verstarb vor zwei Jahren knapp vor ihrem einhundertsten Geburtstag, musste auch noch versorgt werden. Das Geld fehlte an allen Ecken und Kanten, und so arbeitete Herr Sato dreimal die Woche als Nachtwächter in einem Altenheim. Tagsüber half er bei Kleinbetrieben in der Buchhaltung aus. Seine Frau machte sich ständig Sorgen. „Er soll sich doch schonen. Vor sechs Jahren haben sie ihn am Magen operiert, seitdem ist er nicht mehr der Alte." Herr Sato aber wiegelte bei unserem Wiedersehen ab: „Der Job im Altenheim ist prima. Ich drehe am späten Abend eine Runde durchs Haus und muss nur einmal nachts aufstehen. Meist ist ja alles ruhig." Trotzdem sah er ausgezerrt und grau aus, und wir machten uns ernsthaft Sorgen, wie lange das noch gut gehen würde.

Ein paar Monate später kommt ein Anruf von Frau Sato, sie hat gute Nachrichten. Das Ehepaar wohne nun bei der Tochter, ihr Mann arbeite endlich nicht

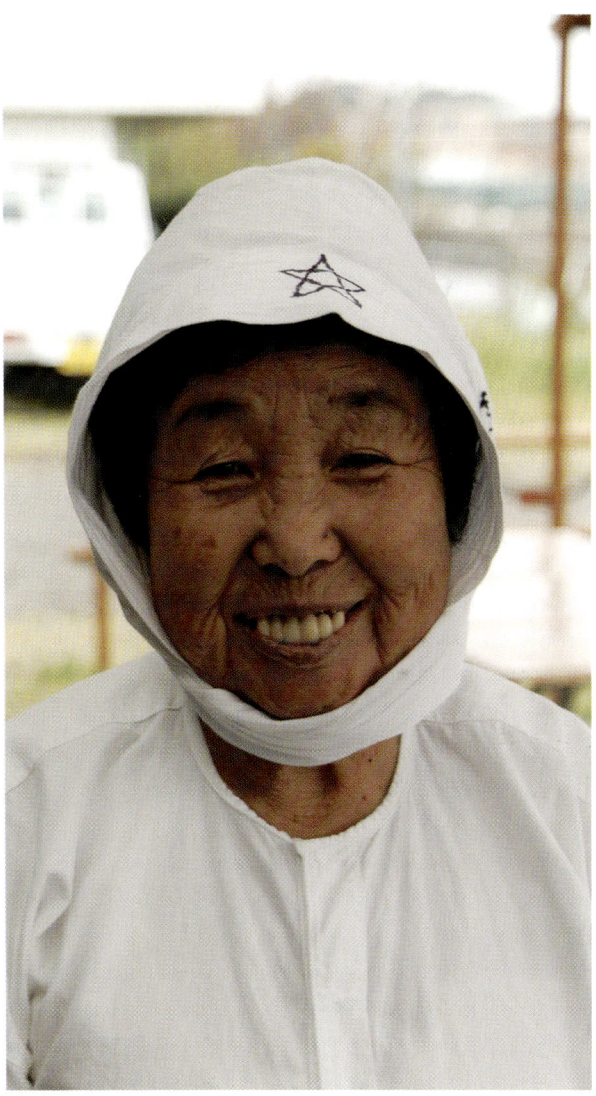

Reiko, einst Perlenmädchen und professionelle Taucherin.

Der schönste Tag im Leben einer Japanerin – Braut in klassischer Hochzeitsrobe in Matsumoto, Zentraljapan.

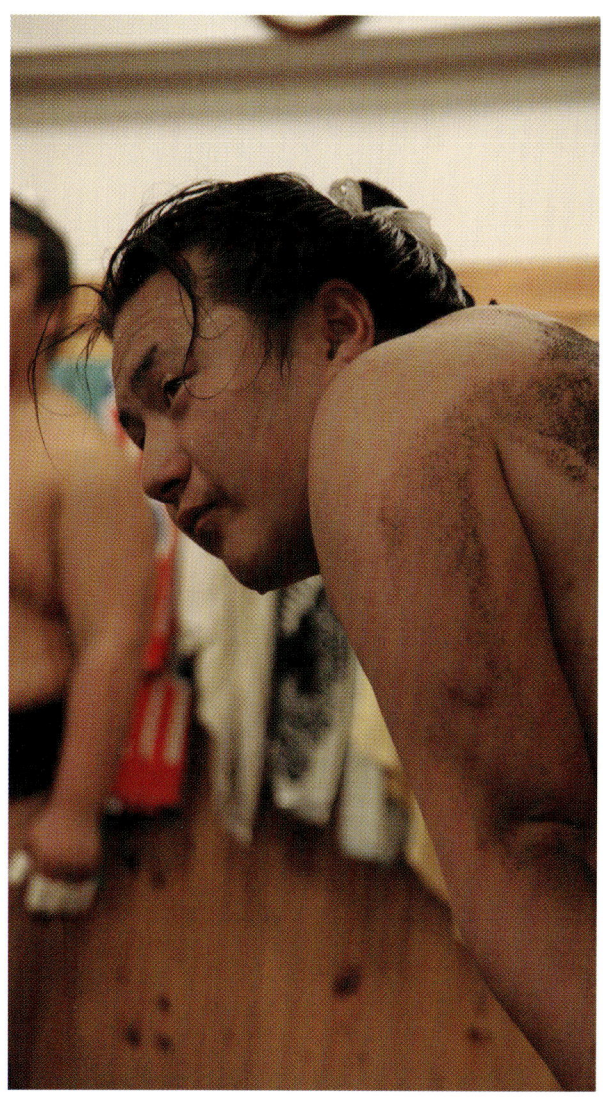

Dreck und Schweiß – der Alltag junger Sumo-Ringer.

Vorbereitungen auf eine Auto-Weihe. Shinto-Priester eines Schreins bei Kumamoto, Südjapan.

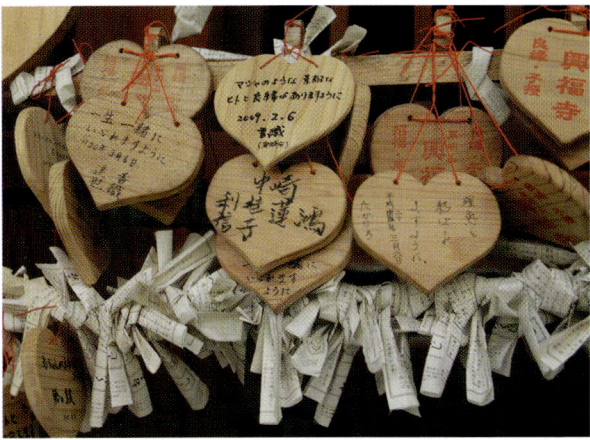

Die Götter um Liebesglück bitten. Votivtafeln an einem Schrein in Nagasaki, Südjapan.

Aktiv bis ins hohe Alter: Viele Senioren genießen ihr Rentnerdasein mit Gleichgesinnten. Ausflügler im Weltkulturerbe Shirakawago.

Ordnung ist das halbe Leben, den Rest verbringt man eh auf der Arbeit. Großraumbüro in Morioka, Nordjapan.

Arbeiten jenseits der Altersgrenze – leider nichts Ungewöhnliches. Die zwei putzen den Bahnsteig von Shizuoka.

Billigjobs ersetzen immer öfter die Festanstellung, der junge Mann wirbt ganz altmodisch mit Schild für ein Internetcafé.

Mittagspause im Tempel Myoanji, Kyoto.

Schlange stehen für das Glück beim Flippern. Wartende vor einem Pachinko-Parlor in Nagasaki.

Was sich liebt, teilt auch sein Leckerli. Pet-Boom auf Japanisch.

Elegant im Kimono – ein immer noch recht häufiger
Anblick. Takayama, Zentraljapan.

Großmutter, Mutter und Kind. Erziehung ist immer noch
Aufgabe mehrerer Generationen.

Pretty mitten in Pink, Verkäuferin von Maid-Kostümen und Souvenirs in Tokyos In-Viertel Akihabara.

mehr nachts und es gehe ihm deutlich besser. Die Büroarbeit am Tag läuft allerdings weiter wie bisher. Wie in Japan üblich sprechen wir nicht offen über ihre schwierige finanzielle Situation, wir hangeln uns von Andeutung zu Andeutung und ich kann nur erahnen, dass die Situation nun zumindest ein wenig besser ist.

Das Ziel vieler älterer Japaner: so lange wie möglich unabhängig zu sein, auch von den eigenen Kindern. Manchmal nimmt das allerdings extreme Formen an. So finden sich hier und dort in riesigen Farmhäusern abgelegener Dörfer einsame Alte, die partout nicht von der Heimat getrennt werden wollen. Die Nachbarn kümmern sich um sie, bis sie meist in einem Krankenhaus landen und dort ihre letzte Zeit verbringen. In den Wohnsilos der Großstädte stirbt hin und wieder ein alter Mensch unbemerkt von seiner Umgebung. Fast immer handelt es sich dabei um männliche „Scheidungsopfer". Die Scheidungsrate ist in Japan nicht nur während der ersten zwei Jahre einer Ehe besonders hoch, sie erfährt in den Anfangsjahren des Rentnerlebens eine zweite Spitze. Die Kinder, die die kriselnde Ehe bislang zusammengehalten haben, sind aus dem Haus, und auf dem Sofa sitzt auf einmal ein Ehemann, der nichts mit sich anzufangen weiß. Sein Freundeskreis ist mit dem Ausscheiden aus dem Berufsleben zusammengebrochen, seine Frau verkehrt in einem ihm unzugänglichen Zirkel älterer Damen. Wie nasses Laub, so die Bezeichnung dieser Männer, kleben die Rentner plötzlich an ihren Frauen und behindern deren äußerst aktiven Ruhestand. Seitdem Ehefrauen auch nach einer Scheidung Anspruch auf die Rente ihrer Exmänner haben, machen die resoluten Seniorinnen kurzen Prozess. Nach der Scheidung finden die unselbstständigen Männer sich oftmals in anonymen Wohnvierteln wieder, in denen sie ohne soziale Bindungen sehr schnell vereinsamen.

Nicht immer ergeht es denen, die bei ihren Kindern leben, automatisch besser. Immer häufiger müssen die Behörden eingreifen, wenn überforderte Familien zu drastischen Mitteln bei der Betreuung hilfloser Angehöriger greifen. Die böse Schwiegertochter dient den Medien gerne als Übeltäterin, wenn wieder einmal ein verwahrloster alter Mensch ans Bett gefesselt vorgefunden wird. Männer, auch die eigenen Söhne, werden großzügig aus der Verantwortung entlassen, Pflege gilt immer noch als reine Frauensache. Doch wie sollen diese praktisch allein die steigenden Ansprüche von Familie und Gesellschaft erfüllen? Auf der einen Seite erwartet man von ihnen die Ausübung eines Berufes, um im Alter finanziell abgesichert zu sein. Auf der anderen Seite sind sie diejenigen, denen die Bürde der Kindererziehung auferlegt und gleich anschließend die Versorgung der Alten überlassen wird. Die flächendeckende Versorgung mit Hortplätzen und Pflegeheimen ist noch schlechter als in Deutschland.

Eine Freundin aus Studienzeiten traf es besonders hart. Yuko heiratete recht schnell einen wesentlich älteren Mann aus Fukuoka, Südjapan. Hätte sie vor der Heirat gewusst, was sie erwartete, wäre der Mann heute sicherlich immer noch auf Brautschau. Jahrelang musste Yuko sich um die alkoholkranke Schwiegermutter und den dementen Schwiegervater kümmern. Er verwechselte den Vorgarten mit der Toilette und schlich sich gerne mal für längere Spaziergänge aus dem Haus. Als das erste Kind in die Schule kam, erhielt der Schwiegervater endlich einen Platz im Heim. Heute arbeitet Yuko wieder. Allerdings hat sie selbst nicht viel davon, ihr Gehalt geht komplett für die Pflegestelle des Schwiegervaters drauf.

„Bist du müde?", fragt die 96-jährige Frau Omura ihre Plüschrobbe Paro und streichelt sie zärtlich. Das Kuscheltier antwortet mit gurrenden Geräuschen und wackelt ein wenig mit dem Kopf. Paro ist Frau Omuras Schatz, die demente alte Dame hält ihn zufrieden im Arm und scheint glücklich. Paro ist ein Roboter, er reagiert auf Ansprache und ist sogar lernfähig. Sein Einsatz in der Geriatrie ist ein großer Erfolg, andere Kuscheltier-Roboter erinnern an das Einnehmen von Tabletten, das Abdrehen des Gashahnes und das Abschließen der Tür bei Nacht. Die Robotik zielt schon lange auf die Altenhilfe. Der gewöhnliche Rollstuhl, auf Japans hubbeligen Gehwegen eh kaum zu nutzen, wird wohl bald der Vergangenheit angehören. Die Prototypen der modernen Stühle haben keine Räder mehr: Wie ein riesiges Insekt mit Menschenfracht schreiten sie einfach über Hindernisse hinweg. Andere Maschinenhelfer erleichtern jetzt schon in Einrichtungen das Umbetten. Sie heben Personen in die Badewanne und ersparen dem Personal so manche Kreuzschmerzen. In fünf Jahren soll die erste Roboter-Krankenschwester ihre Runden drehen, noch mildern Hunderte von Altenpflege-Schülerinnen aus Indonesien und den Philippinen den Notstand. Doch nach längstens vier Jahren Ausbildung müssen diese freundlichen Schwestern das Land wieder verlassen. Wegen der ungünstigen Gesetzeslage wollen die Heime in Zukunft lieber auf Roboter als auf Pflegerinnen mit Akzent setzen. Da ist es gut, dass in Japan Scheu oder gar Unbehagen gegenüber Androiden nahezu unbekannt ist. Nachbarland Korea arbeitet schon an Robotern, die mit eingebauter Kamera und Internetzugang den Zustand der Alten an ihre besorgten Angehörigen oder Ärzte übertragen. Ganz so weit ist Japan noch nicht, aber immerhin sind GPS-Sender mittlerweile Standard für Demenzkranke mit Freiheitsdrang.

Bei einer Gruppe von Japans Senioren ist der Freiheitsdrang erstaunlich gering. Entgegen der öffentlichen Meinung wächst in Japan nicht die Kriminalitätsrate in der jungen Bevölkerung, sondern die Anzahl der über 65-jährigen Straftäter nimmt stetig zu. Denn: Für einige Alte ist der Knast die einzige Chance auf einen geregelten Lebensabend. So pendeln manche so lange zwischen Freiheit und Vollzug hin und her, bis die Strafe hoch genug ausfällt, um auf Dauer bleiben zu können. „Knast goes Geriatrie" – diese Formel gilt in Japan für rund eintausend ältere Häftlinge, die aufgrund ihres Alters und Gesundheitszustandes nicht mehr in der Lage sind, sich selbst zu versorgen. Das Gefängnis von Onomichi hat sich ganz auf die Unterbringung hoch betagter Sträflinge spezialisiert, drei weitere Anstalten unterhalten Seniorenabteilungen. Dort haben die Beamten Erfahrung in Altenpflege. An den Türen kleben Diätanweisungen und die Medikation der Zellenbewohner. Teilen sich auch bis zu sechs Mann einen Raum, ist der Tagesablauf strikt reglementiert und angefüllt mit monotonen Aufgaben, fühlen sich viele Alte hier sicher. „Ist alles besser als das Leben auf der Straße. Hier gibt es immer was zu essen und baden darf ich auch", berichtet der 73-jährige Herr Ida und schaut dabei recht zufrieden drein.

Andere Rentner wollen ganz woanders hin. Ihnen kann es gar nicht weit genug weg sein, wie viele deutsche Pensionäre sind sie scharf auf einen Lebensabend unter Palmen. Der asiatische Markt reagiert auf das Fernweh der Senioren mit kräftiger Unterstützung seiner Regierungen. Thailand, Vietnam und Malaysia erlauben ausländischen Ruheständlern unter vereinfachtem bürokratischem Aufwand einen zweiten Wohnsitz. Thailand möchte weg von seinem Image als Paradies für gestrandete Existenzen und bietet besondere Aufenthaltsgenehmigungen für Ehepaare über 50 an. Auch die Regierung von Malaysia umwirbt die rüstigen und vor allem zahlungskräftigen Rentner aus dem Ausland: Mit der Kampagne „My Second Home Malaysia" erlaubt sie Ausländern den Erwerb von bis zu zwei Häusern und ein zehnjähriges Aufenthaltsrecht. Einzige Vorraussetzung ist ein gut gefülltes Sparbuch, dann steht dem Leben in der Sonne nichts mehr im Weg. Malaysias medizinische Versorgung ist zudem günstig und gut, die Lebenshaltungskosten liegen weit unter europäischem oder japanischem Durchschnitt. Seit Neuestem befindet sich auch Vietnam auf dem Markt der Anbieter für Zweitwohnsitze. Im Preis unschlagbar, mit einer geringen Kriminalitätsrate und sehr freundlichen Menschen hinkt es alleine auf dem Gebiet der Senioren-Unterhaltung ein wenig hinterher.

Die Alten meines Stadtviertels sind in ihren Ansprüchen wesentlich genügsamer. Palmen und Sandstrand brauchen sie nicht, ihnen genügen der Gateball-Platz, das Gemeindezentrum und der gelegentliche Busausflug zu einem Ort mit heißen Quellen. Und sie haben Verständnis für mich. Nach einem netten Gespräch mit dem Nachbarschaftskomitee haben sie ihre Spielzeiten geändert, der Tag beginnt für mich nun erst um sechs mit Klackgeräuschen und Gelächter.

Und ewig rattern die Kugeln

„Nein, das kannst du vergessen. Da gehe ich nicht mit dir hin." Brüsk schiebt Emi, meine sonst so sanfte Freundin aus Uni-Tagen, ihren Kaffee von sich weg. „Wenn du unbedingt in eine Pachinko-Halle willst, dann bitte ohne mich!"
Trotzig schaut sie mich über den kleinen Tisch im Café an. Ihre ungewohnt heftige Reaktion macht mich sprachlos. Ich hatte doch nur ganz beiläufig vorgeschlagen, später mal in einer Spielhalle vorbeizuschauen und so einen Pachinko-Automaten auszuprobieren. Das hatte ich nämlich noch nie gemacht. Zu zweit wäre das doch sicherlich lustig, hatte ich noch hinzugefügt. Nun schweigen wir beide erst einmal. Ich wühle verlegen in meiner Tasche auf der hektischen Suche nach einem neuen, möglichst neutralen Gesprächsthema. Bis Emi mich schließlich erlöst: „Es tut mir leid, Christine-san", als korrekte Japanerin entschuldigt sie sich erst einmal, „ich kann das einfach nicht. Es ist wegen meines Vaters."
Zögernd beginnt sie zu erzählen. An diesem sonnigen Morgen erlaubt mir Emi einen Blick hinter die Fassade ihrer Familie, einer ganz gewöhnlichen japanischen Familie übrigens. Mit Vater, Mutter und zwei Kindern – und halt Vaters großer Leidenschaft, dem Pachinko-Spiel.
„An manchen Tagen kann mein Vater einfach nicht widerstehen. Wenn es ihn überkommt, muss er spielen. Er macht erst Schluss, wenn die Taschen leer sind. Aber das kann dauern, denn die Automaten spucken regelmäßig ein paar Kugeln zum Weiterdaddeln aus."
Pachinko ist eine Art japanisches Flippern. Offiziell gewinnt man nur harmlose Kugeln, inoffiziell geht

es, wie immer beim Glückspiel, um Geld. Auch wenn das in Japan verboten ist.

„Als ich ein Kind war, spielte Vater regelmäßig nach Feierabend. Die langen Sonntage zu Hause hielt er kaum aus. Meist verschwand er um die Mittagszeit. Wenn er dann abends mit rot geränderten Augen wieder auftauchte, brachte er uns manchmal Spielzeug mit. Das gefiel uns natürlich, aber Mutter wollte das Zeug nicht. Sie war wütend, nicht wegen des verspielten Geldes. Sie erlaubte ihm ja nur ein Taschengeld. Aber die Zeit! ‚Nie hast du Zeit für uns', schrie sie dann. ‚Immer nur deine verdammten Automaten!' Das hat uns früher ganz schön die Wochenenden verdorben."

Die Erinnerungen bedrücken Emi. Heute ist Emis Vater pensioniert, manchmal geht er schon morgens zur Spielhalle. Emis Mutter hat resigniert, ihr Mann ist kein Sonderling oder gar Einzelfall. Exzessives Pachinko-Spielen gilt in Japan als akzeptables Hobby und wird auch kaum verheimlicht. Eine pathologische Spielsucht sehen nur die wenigsten darin, und professionelle Hilfe ist leider so gut wie unbekannt.

Schon oft habe ich morgens die Schlangen am Bahnhof vor der Pachinko-Halle gesehen. Geduldig warten Rentner, solide Hausfrauen und eine paar Männer in Anzügen auf das Öffnen der gläsernen Schiebetüren. All diese japanischen Durchschnittsbürger vereint die Sogkraft des einfachen Glückspiels. Spielsucht kennt bekanntlich keine Grenzen, auch in Deutschland lassen sich die Menschen vom Flippern verführen. Doch verabrede ich mich kaum, wie hier üblich, mit meinen Kollegen oder den Frauen aus dem Volkshochschulkurs am Spielautomat. Dann schon eher mal zu einem schicken Abend im Spielkasino mit vorgeschriebener Abendgarderobe.

Diese Art von Unterhaltung ist in Japan jedoch verboten. Legal spielen kann man hier also nur in Pachinko-Hallen, denn die sind offiziell keine Glückspielbetreiber, sondern Stätten der Entspannung und des Freizeitvergnügens. Hell, sauber und so ganz ohne Schmuddelimage steht in jedem größerem Ort Japans eine dieser Hallen und hält Bürgern über 18 seine Türen auf. Auch der radikale Verzicht auf das vornehme Gebaren so mancher deutschen Spielbank senkt gehörig die Hemmschwelle vor dem Glückspiel, das angeblich keines ist. So flippern regelmäßig die Hälfte aller Männer und ein Fünftel der Japanerinnen. Knapp 50 Millionen Kunden suchen nur Vergnügen und schielen nicht auf den Jackpot? Wohl kaum.

Auch ohne Emi will ich mir endlich einmal selbst anschauen, was so viele Japaner in ihren Bann zieht. Nach außen erscheinen Japaner immer so besonnen und rational, und doch soll es hier an die zwei Millionen Spielsüchtige geben, zwanzigmal mehr als in Deutschland! Rechts und links vom Eingang dekorieren riesige Blumenrosetten die Front der Pachinko-Halle. Warum, frage ich mich, nehmen sie für einen Spielsalon Blumenschmuck, den man in dieser Form nur auf Beerdigungen verwendet? Weil man hier sein Geld begräbt?
Ein Mann im verknitterten Anzug kommt heraus. Eine ältere Frau marschiert zielstrebig hinein, ich folge ihr kurzentschlossen. Und betrete eine andere Welt, erfüllt von lärmender Musik und dem Rattern tausender Metallkugeln. Übergroße Papp-Mangafiguren heißen mich willkommen, an der Decke versprühen Diskokugeln Lichtblitze. Riesige Gebinde von Plastikblumen in kräftigen Bonbonfarben runden die betont muntere und doch steril wir-

kende Innendekoration ab. Schon winkt mir einer der Platzanweiser mit Fliege und setzt mich vor einen Pachinko-Automaten. Worte wechseln wir nicht, dafür ist es viel zu laut. Ich werfe meine erste Münze ein, der Apparat blinkt und piepst, unten fallen eine Handvoll Kugeln heraus. Nun kann es losgehen, mein erstes Pachinko-Spiel! Mit einem großen Knauf schleudere ich die Kugeln nach oben und lasse sie durch ein Labyrinth von Nägeln und Öffnungen wieder herunterrattern. Fällt die Kugel nun in bestimmte Öffnungen, gewinne ich … noch mehr Kugeln.

Das ist wirklich kinderleicht!

Kein Wunder, war Pachinko ursprünglich doch für Kinder gedacht. Die ersten Flipperautomaten kamen in den Zwanzigerjahren aus Amerika und wurden aus Platzmangel senkrecht in den Bonbonläden aufgestellt. Gewann das Kind eine hohe Anzahl an Kugeln, bekam es ein kleines Geschenk aus dem Ladenfundus. Bald schon fanden die Erwachsenen Gefallen an dem Spiel, und der erste Pachinko-Salon eröffnete 1930 in Nagoya. Die Stadt bezeichnet sich daher gerne als Geburtsstätte des japanischen Pachinko. Und das bezweifelt auch niemand, der Nagoya ein bisschen besser kennt. Die Stadt liegt geografisch recht genau auf halbem Weg zwischen Tokyo und Osaka und tat sich schon immer schwer, nicht zwischen diesen beiden Giganten übersehen zu werden. So sagt man den Bewohnern Nagoyas einen Hang zum Übertreiben nach: Hier muss alles eine Nummer größer und einen Tick protziger sein. Hauptsache, man fällt damit auf. So passen die Pachinko-Hallen hervorragend zu den etwas vulgär-glitzerigen Vorlieben dieser Stadt. Ein Stil, der sich heute in sämtlichen Hallen Japans fortsetzt.

Auch bei den erwachsenen Spielern gibt es als Gewinn Nützliches aus der täglichen Warenwelt. Emis

Spielzeug aus Kindertagen war auch einmal so ein Sachpreis. Heute sind praktischer Dosenkaffee oder Salatöl weitaus üblicher. Hat der Spieler eine ungewöhnlich große Menge an Kugeln gewonnen, entscheidet er sich gerne für den Sonderpreis, einen Plastikgoldbarren. Den legt er sich nicht zu Hause hübsch hin, sondern tauscht ihn gegen Bargeld. Das geht ganz legal illegal, doch dürfen solche Transaktionen nicht offen im Pachinko-Palā (von engl. *parlo(u)r*, Salon/Stube) selbst stattfinden, aber sehr gerne in einer engen Gasse gleich nebenan. Das Personal ist strikt angehalten, dazu keinerlei Hinweise zu geben, allein das wäre schon strafbar. Das begehrte Örtchen ist jedoch nie weit weg. Dort findet sich ein Schalter, davor stehen brav die Leute mit ihren ungeliebten Gewinnen. Wer einem dort die Preise ganz gesetzestreu wieder abkauft, ist nicht zu sehen. Der unsichtbare Mann verkauft die Preise später wieder mit Gewinn zurück an den Pachinko-Salon. Die vielschichtigen Transaktionen dieses Warenkreislaufes fordern undurchsichtige Geschäfte geradezu ein. Und tatsächlich steht Pachinko ganz oben auf der Liste, wenn es um Steuerbetrug geht. Perfekter Plot für einen Film? Richtig, 1987 drehte Itami Yuzo einen Kinohit über eine Steuerfahnderin („Marusa no Onna"), die sich mit Pachinko-Bossen anlegt.

Ich selbst habe leider nichts gewonnen, alle meine Kugeln sind weg. Langsam geht mir das Gedudel der Maschinen, die laute Musik, das Blinken in grellen Farben auf die Nerven. Ich will nur noch weg, bin wohl nicht zum Pachinko-Zocker geeignet. Der Mann neben mir hebt nicht mal den Kopf, als ich aufstehe. Tief versunken in seiner eigenen Welt dreht er beständig am Knauf. Könnte er Emis Vater sein, überlege ich noch. Oder ist er einfach nur irgendein Pachi-Pro, wie die Japaner einen professionellen Pachinko-Spieler nennen? So einer, der schon morgens als Erster am Automaten sitzen will? Der alles daran setzt, eines der Geräte zu erwischen, die reif für den Jackpot sind. Die ganz eigene Logik dieser Besessenen besagt, dass die Betreiber die Spieler nicht nur verlieren lassen können, in bestimmten Abständen muss einfach ein Gewinn dabei sein. Sonst laufen ihnen die Kunden letztendlich davon. Und so konzentrieren die *Puro* sich zumeist auf einen ganz bestimmten Automaten und flippern solange, bis sie den Jackpot knacken – oder ihnen das Geld ausgeht. Im vorelektronischen Zeitalter schaute der Profi immer zuerst auf die Position der vier obersten Nägel, den sogenannten Lebensnägeln. Sie wurden am Abend nach Geschäftsschluss mit dem Hammer neu positioniert, um die Gewinnchancen zu verändern. Heutzutage sind die Automaten digital gesteuert (*Deji-Pa* genannt). Nur noch in den ersten Tagen nach Neueröffnung eines Salons oder bei brandneuen Geräten wird die Position der Nägel manuell korrigiert und damit die Chance gesteigert, den Jackpot zu knacken. Das bewusste Ausschalten der elektronischen Steuerung bei besonderen Anlässen gaukelt der Kundschaft leichteres Spiel vor. Genau darauf warten Leute wie Emis Vater geduldig und nehmen auch mal weitere Wege zu neuen Hallen auf sich.

Viele Pachinko-Maschinen fungieren zusätzlich als einarmige Banditen. Diese *Pachi Suro* (als Abkürzung des japanischen *Pachinko Suroto Mashiin*, von engl. *slot machine*) erfreuen sich großer Beliebtheit, heizen sie das Spielfieber doch kräftig an. Kurze Zeichentrickfilme und andere Spezialeffekte zeigen an, dass der Jackpot nicht mehr fern ist, und setzen damit den Spieler kräftig unter Druck, nun erst recht weiterzumachen. Ob er das große Los auch wirklich zieht, steht jedoch auf einem anderen Blatt.

Doch wir sind nicht umsonst in Japan und so findet sich auch für den immensen Erfolg des Flipperns eine Erklärung auf höherer Ebene. Pachinko sei Meditation, wenn nicht sogar vergleichbar mit Zen-Buddhismus, wie einige besonders verklärte Stimmen behaupten. Das permanente Gepiepe, Geblinke und die ohrenbetäubende Musik versetze den Spieler in Trance, es leere den Geist, mache ihn frei von allen Gedanken und verschaffe der Seele Erleichterung. Und nicht nur der, es erleichtert auch gehörig die Geldbörse. Denn natürlich geht es bei Pachinko um Geld, auch wenn die meisten Spieler das bestreiten. Im Durchschnitt verspielen die Spieler zwischen 12 000 und 50 000 Yen (100 bis 400 Euro) am Tag. So hat sich ein üppiger Wirtschaftszweig rund ums japanische Flippern gewunden. Allein 17 Special-Interest-Magazine kennen nur ein Thema: Pachinko. Die besten Anzeigenkunden dieser Magazine sind, ganz zielgruppenorientiert, undurchsichtige Kreditinstitute. Denn Pleite durch Pachinko, das ist nichts Ungewöhnliches mehr.

Wohin die immensen Gelder tatsächlich fließen, das interessiert kaum einen japanischen Pachinko-Spieler. Der lässt sich gewöhnlich von der sauberen Fassade der Hallen blenden und denkt nicht im Traum daran, dass ein Großteil seiner persönlichen Verluste Japans größte militärische Bedrohung, Nachbarland Nordkorea, am Laufen hält. Seit der Nachkriegszeit werden rund 90 Prozent aller japanischen Pachinko-Salons von Koreanern betrieben. Als ehemalige Zwangsarbeiter – Japan hielt die koreanische Halbinsel von 1910 bis 1945 besetzt – strandeten viele von ihnen in der Nachkriegszeit ohne Familienrückhalt in Japan. Der Koreakrieg und die Teilung ihrer Heimat verbauten ihnen die Rückkehr, die schlechte Wirtschaftslage der Nachkriegszeit und die anhaltende Diskriminierung bei der Arbeitssuche zwangen sie geradezu in die Grauzone der Spielhallen. Dort konnten sie wenigstens beträchtlich Geld verdienen. Als gute Patrioten investieren die Koreaner weiterhin gerne in der alten Heimat.

Und die liegt nicht immer im Süden der Halbinsel, und so gehen ihre Gelder auch in den verfemten Norden. Man vermutet, dass jährlich über 500 Millionen Dollar aus dem Pachinko-Geschäft illegal nach Nordkorea eingeschleust werden. Das sieht die japanische Regierung mit großer Sorge. Trotzdem scheut Japan offene Worte oder gar legale Schritte gegen die Pachinko-Bosse. Unbedingt soll der Eindruck vermieden werden, man gehe gegen die koreanische Minderheit im eigenen Land vor. Und, ganz ehrlich, Pachinko bringt Japan selbst ebenso ordentlich Geld ein. Gegenwärtig gibt es über 13 000 Salons, die umgerechnet rund 250 Milliarden Euro pro Jahr umsetzen und damit fast die Hälfte der Freizeitindustrie unter sich haben. Der Umsatz liegt damit weit über dem der japanischen Autoindustrie und das war schon so, als die noch nicht schwächelte. Das erklärt einmal mehr die Unlust der Politiker für radikale Entscheidungen. Hinzu kommt die befremdliche Praxis, Angehörige des Unter- und Oberhauses als Berater diverser Pachinko-Firmen üppig zu entlohnen. Und wer beißt schon gerne die Hand, die ihm hin und wieder eine Extrawurst zusteckt?

Pachinko ruiniert indirekt nicht nur die Stabilität in der asiatisch-pazifischen Region, es ruiniert auch immer mehr japanische Familien. Das betrifft längst nicht allein die Generation von Emis Vater, die das Problem einer Abhängigkeit gern verdrängt und einfach wie gewohnt weitermacht. Für so manche junge Mutter oder Vater ist das Klackern der Kugeln

so fesselnd, dass sie darüber ihre Kinder schlichtweg vergessen, und das hat nicht selten katastropha-
le Folgen. Jedes Jahr sterben eine Reihe wartender
Kleinkinder auf Japans Pachinko-Parkplätzen in ver-
riegelten Autos an Überhitzung. Immerhin dürfen
Passanten mittlerweile ungestraft Autoscheiben ein-
schlagen, denn dieser Umstand fällt nun unter Kin-
desmisshandlung. Früher musste man eine Anzeige
wegen Sachbeschädigung fürchten, wenn man die
Kleinen beherzt retten wollte. Auch die Hallen selbst
sorgen mit Hilfe von Parkwächtern für ein bisschen
mehr Achtsamkeit. Einige Betreiber bieten seit Kurzem Babysitter und Spielecken an, denn Frauen sind
begehrte Kunden. Aus der Sicht der Salons ist das sicherlich der richtige Weg, doch aus der Sicht der Gesellschaft darf der Einstieg in eine Spielerkarriere
durch kostenlosen Zusatzservice nicht noch verein-
facht werden. In Emis Fall sorgte die Mutter für ein
geregeltes Leben der Kinder. Doch was wäre gewesen, wenn sie lieber mit ihrem Mann durch die Hallen gezogen wäre?

Tänzer auf dem Vulkan

Ich träume. Ich stehe am Bahngleis und warte auf meinen Zug. Noch ist er nicht zu sehen, aber ich kann ihn schon hören. Sein Grollen wird immer lauter, der Bahnsteig beginnt zu vibrieren und … ich wache auf. Der Boden des Schlafzimmers wackelt und nebenan klirren die Gläser im Schrank. Mit einem Schlag bin ich hellwach und kann nur eins denken: Erdbeben! Hektisch suche ich den Lichtschalter, schon klingen die unheimlichen Geräusche ab und das Haus schaukelt sich sanft aus. Die Stahlkonstruktion hört auf zu ächzen, langsam beruhigt sich mein Puls. Kein Kind schreit angstvoll auf, der Goldfisch wurde nicht aus seinem Aquarium gespült und die Wohnungseinrichtung steht noch. Wieder mal Glück gehabt, denke ich dankbar und sinke zurück ins Kissen.

Nur Narren und unsensible Ausländer berichten begeistert über erste Erfahrungen mit Erdbeben, Japaner hingegen haben sofort die Schreckensbilder von 1995 aus Kobe im Kopf. Nach jeder stärkeren Erschütterung überfliegen sie in Gedanken ihre Lebensmittelvorräte und mögliche Fluchtwege. Das Inselreich wackelt ständig, im Jahr mehr als 7 000 Mal. Der Mensch nimmt jedoch nur jede fünfte Erdbewegung bewusst wahr. Das können leichte Stöße sein, die allgemein nur mit „Oh, hat es eben gewackelt?" kommentiert werden bis hin zu den Monsterbeben, die dem Land immer wieder Zerstörung und Leid bringen. Die ältesten japanischen Beschreibungen eines Bebens stammen aus dem achten Jahrhundert. Seitdem verging kein Jahrhundert, in dem Japan nicht vom „Tobenden Drachen des Erdreichs" heimgesucht wurde. In der Edo-Zeit stellten die Menschen sich ei-

nen gewaltigen Wels vor, der in tieferen Schlamm-
schichten lebte und mit heftigen Schwanzschlägen
Hab und Gut zum Einsturz brachte. Noch 1854 und
1855, als mehrere besonders heftige Beben großflä-
chig die Pazifikregion zerstörten, hielt man an den
alten Vorstellungen fest. Heute geht man davon aus,
dass diese Kette von Naturkatastrophen wesentlich
zum Sturz des Tokugawa-Shogunats beitrug. Ein Fabelwesen ebnete also indirekt der Modernisierung
Japans den Weg.

Als 1923 das sogenannte Kanto-Beben zuschlug
und die Hafenstadt Yokohama sowie große Teile
Tokyos zerstörte, glaubten moderne Japaner schon
nicht mehr an die alten Mythen. Damals starben an
die 140 000 Menschen, ein aufziehender Taifun un-
terband zwei Tage jegliche Versuche, den tosenden
Feuern Herr zu werden. In unzähligen Haushalten
brannte bereits das Herdfeuer fürs Mittagessen, als
die gewaltigen Erdstöße einsetzten. Die alten Viertel
mit ihren Holzbauten verschwanden damals ebenso wie die schicken Backsteingebäude der Moderne.
Einzig Konstruktionen aus Stahlbeton hielten den
Naturgewalten an jenem 1. September 1923 stand.
Über die Hälfte der japanischen Volkswirtschaft
wurde mit einem Schlag zerstört. Heute weiß man,
dass dies einer der Auslöser für die Finanzkrise von
1927 war.

Gegenwärtig wartet Japan angespannt auf die Wie-
derholung dieser Katastrophe. Glaubt man der Statistik, wird die Kanto-Region um Tokyo alle 60 Jahre
von einem Monsterbeben getroffen. Die Metropole
liegt genau auf der Schnittstelle dreier tektonischer
Erdplatten, die aufgebaute Spannung durch die Plat-
tenverschiebungen sollte sich rein rechnerisch schon
längst in einem gewaltigen Beben gelöst haben. „The
Big One", welches die japanische Hauptstadt wo-

möglich wie der Film-Godzilla in seinen besten Zeiten zerschlagen wird, ist also seit den Achtzigerjahren überfällig.

Unschön aber wahr: Tokyo gilt weltweit als das Erdbebengebiet mit höchster Risikostufe. Bei einer Naturkatastrophe würde es extreme Verluste erleiden. Und so geistern die stets gleichen Fragen immer wieder durch Talkshows und parlamentarische Ausschüsse: Wann wird es zuschlagen? Und, ist die Region genügend darauf vorbereitet? Große Sorge bereiten die Evakuierung und der Schutz der Bevölkerung vor Feuersbrünsten trotz der zahlreichen Freiflächen wie Parkanlagen, die aus der Nachkriegszeit stammen. So dienen in Tokyo zusätzlich das zentrale Eisenbahndepot oder die Rollfelder des Stadtflughafens Haneda als Sammelstellen im Katastrophenfall.

Die Architektur konzentriert sich heute beim Baumaterial vornehmlich auf Stahlbeton, er gilt als besonders sicher. Doch reichen die Einschränkung des Baumaterials und die Ausweisung zahlreicher Sammelstellen im Ernstfall aus? Schon meine erste Fahrt über die hohen Trassen der Stadtautobahnen genügte mir, um die Verletzlichkeit Tokyos zu begreifen. Kaum sitze ich auf meinem Platz, kann ich nur noch an düstere Weltuntergangsszenarien denken. Während der Highway-Bus flott durch die Schluchten der Bürotürme kurvt, schaue ich unbekannten Angestellten von oben auf ihre Schreibtische und warte angespannt darauf, dass diese Fahrt ein Ende nimmt. Auch der größte Optimist muss einfach beim Anblick dieser verschlungenen, beinahe krakenartigen Städteplanung von den gängigen Untergangstheorien überzeugt sein!

Immerhin finden meine Ängste um Tokyo auf höchster Ebene Bestätigung. Im Fall der Fälle soll Japan nicht ohne Führung sein und so überlegt man seit Jahren, ob Parlament und Ministerien nicht an einen anderen, weniger risikobehafteten Ort umziehen sollen. Tokyo wurde niemals offiziell zur japanischen Hauptstadt ausgerufen. Als Kaiser Meiji seinerzeit dem ehrwürdigen Kyoto den Rücken kehrte und ins moderne Edo zog, galt die Stadt damit automatisch als Regierungssitz und Hauptstadt des Landes. Rechtlich wäre ein zweiter Regierungssitz daher kein Problem. Diskutierte man vor ein paar Jahren noch einen Umzug in den Norden Japans, streiten sich nun die Präfekturen Osaka und Hyogo darum, ob nicht das Gelände des Flughafens von Itami (Osaka) ein idealer Standort für eine Art Ersatzregierung wäre. Der günstig gelegene, aber veraltete Flughafen soll ohnehin geschlossen werden, als Regierungssitz fände er eine neue Verwendung. Die tatsächliche Verlegung soll in 20 oder gar 30 Jahren abgeschlossen sein, so genau weiß das eigentlich niemand. Wie das Zelluloidmonster Godzilla scheint eine vollständige Zerstörung der Metropole so irreal, dass seine Bewohner diesen gruseligen Gedanken immer wieder entschieden beiseiteschieben. Also führen die Menschen ihr Dasein in gewohnten Bahnen und ignorieren die Gefahr so gut es eben geht. Dabei könnte der Einzelne weit mehr tun, um die allgemeine Sicherheit zu erhöhen. So erschreckt mich zusätzlich die Sorglosigkeit vieler Anwohner, wie sie Fluchttreppen und Notausgänge mit Getränkekisten und Altpapier zustellen. Ein gewöhnlicher Großbrand genügt und die vollgestopften Hochhäuser – ob nun privat oder kommerziell als Bar oder Büro genutzt – werden zur Todesfalle. Trotz hoher Strafen ist es den Leuten in diesem Land ohne Kellerräume anscheinend nicht auszutreiben, ihre Treppenhäuser als Lager zu nutzen.

Einmal im Jahr kommt jedoch niemand um Appell und Katastrophenübung herum. Am 1. September, dem Jahrestag des Erdbebens von Kanto, übt das ganze Land den Ernstfall. Im Zoo probt man den Ausbruch der Raubkatzen, in der Firma holt man den Helm unterm Schreibtisch hervor und in der Schule wird den kleinen Japanern das richtige Verhalten in Theorie und Praxis beigebracht. So auch in der Schule unserer Kinder. Den Auftakt bildet immer ein Film, der betont realistisch den Zusammenbruch eines Klassenzimmers zeigt und bei unserem Ältesten regelmäßig für Albträume sorgte.

Seine Lehrerin, die kleine Yayoi-sensei, hatte keinerlei pädagogische Bedenken, die Gefahren drastisch zu beschreiben. „Schön die Gesichter vom Fenster abwenden, ihr müsst euch vor fliegendem Glas schützen! Das zerschneidet euch das Gesicht und dann habt ihr für immer Narben! Setzt eure Schutzhauben auf und bleibt unter den Tischen, bis das Beben abklingt!"

Sie scheucht die Kinder unter ihre kleinen Tische, als die Sirene aufheult. Die Schutzhauben der Kinder sind an zwei Seiten zusammengenähte wattierte Stoffquadrate, die den Rest des Jahres als Stuhlkissen dienen. Verkündet die Lautsprecherstimme das Ende des Bebens, marschieren alle Schüler in geordneten Zweierreihen auf den Hof, um dort auf ihre Eltern zu warten. Zuvor schärfte Yayoi-sensei ihnen noch ein, dass sie unbesorgt mit ihren Hausschuhen nach draußen laufen dürfen. An gewöhnlichen Tagen wäre das ein unverzeihlicher Fauxpas. „Kümmert euch nicht ums Schuhewechseln! Tempo, Tempo, die Schule stürzt ein!"

Draußen auf dem großen heißen Sandplatz wartet schon der Direktor und beendet die Übung mit einer langen Rede, bis endlich die ersten Mütter eintreffen und ihre Kinder abholen. Eine Vertretung dürfen sie nicht schicken, denn im Notfall geht das auch nicht, es dürfen nur registrierte Personen die Kinder mitnehmen. Bei der Einschulung der kleinen Japaner werden daher nicht nur die Telefonnummern der Erziehungsberechtigten hinterlegt, es muss noch eine weitere Kontaktperson in Schulnähe, eine Kontaktperson außerhalb der Gemeinde und eine vierte Person außerhalb der Präfektur angegeben werden. Als letzte Kontaktadresse steht auf unserer Liste die Deutsche Botschaft, damit sie Angehörige daheim informieren kann. Das Ausmaß der Zerstörung kann niemand vorhersehen, daher werden die Listen in doppelter Ausfertigung an verschiedenen Orten hinterlegt. Mit einem mulmigen Gefühl, ähnlich wie vor einer Operation, füllten wir damals die Papiere aus. Die Formulare sind sinnvoll, aber an ihren Zweck wollten wir eigentlich gar nicht erinnert werden. Nur das Wissen, dass die Kinder im schlimmsten Fall zu Menschen unserer Wahl kämen, beruhigt uns ein wenig.

Ein Tag nach der Fluchtübung kommt die Feuerwehr zur Schule und baut ein Zelt auf.

„Da drin war ganz viel Rauch, Mama", erzählt mein Sohn am Nachmittag ganz aufgeregt. „Das hat aber so gut nach Vanille gerochen, dass wir gar nicht mehr herauskommen wollten. Der Feuerwehrmann hat uns dann rausgeholt." Die Kinder sollten üben, bei Rauch dicht am Boden Richtung Ausgang zu krabbeln, aber der Duft war zu verführerisch! Der Erdbebensimulator fand hingegen nicht so viel Anklang. Nur wenige Wochen zuvor gab es ein Beben mit der Stärke Fünf und die Kinder hatten keine Lust, das nochmals durchzuspielen. Doch Yayoi-sensei duldete als gute Lehrerin keine Ausreden, und so mussten alle Schüler in den umgebauten Lastwagen der Feu-

142

erwehr und versuchen, so lange wie möglich auf den Füßen zu bleiben.

Nicht nur Schulen kümmern sich intensiv um das korrekte Verhalten bei Erdbeben. Auch die Nachbarschaftsvereinigungen der Gemeinden beteiligen sich an Aufklärung und Sicherheit. Jeder Bürger ist automatisch Mitglied in der Vereinigung seines Wohnviertels. Nachrichten zu Schreinfesten, zur Müllabfuhr und zu den vielen kleinen Dingen des Alltags werden abgezeichnet von Haustür zu Haustür weitergereicht. So kennt man seine Nachbarn genau, weiß, wer wann nicht anwesend ist. Natürlich ist das oftmals lästig und in der Privatsphäre einengend, rettet aber bei Naturkatastrophen immer wieder Menschenleben. So wurden nur zwei Prozent aller Verschütteten in Kobe von Rettungsmannschaften befreit, das Gros verdankt sein Leben den Nachbarn und der Familie.

Ein ganz wichtiger Faktor für die persönliche Sicherheit ist die Art und Weise der Möblierung. Typische Elemente der japanischen Wohnkultur haben in der Reduzierung von Gefahrenquellen ihren Ursprung: Wandschränke mit papierenen Schiebetüren können beim Umfallen keinen Menschen erschlagen. Traditionell niedrige Geschirrschränke haben ebenfalls Schiebetüren und können so nicht aufspringen und Teller und Tassen in Geschosse verwandeln. Die für Japan typischen Holzhäuser sind so konstruiert, dass sie die Schwingungen des Bodens absorbieren und die Zerstörung auf ein Minimum reduzieren. Ihre Hauptpfeiler ruhen auf großen Steinen, auf denen das Haus während eines Bebens bis zu einem gewissen Grad gleiten kann. Die Stahlkonstruktionen der modernen Hochhäuser sind mit tiefen Betonpfählen in der Erde verankert und lassen extreme Schwingungen zu, aber vollkommene Sicherheit können auch sie nicht bieten.

Immer wieder erschüttern zudem Skandale das Baugewerbe. Das trifft besonders den öffentlichen Sektor, in dem Baufirmen aus Kostengründen gewaltig an der Umsetzung der Sicherheitsvorschriften sparen. Letztendlich müssen betroffene Gebäude wieder abgerissen werden, was natürlich nicht gerade Vertrauen in der Bevölkerung schafft. Privathäuser können erdbebensicher nachgerüstet werden, aber die Kosten sind hoch und das Interesse ist daher gering. Die große Mehrheit der Immobilienkäufer setzt lieber auf das eigene Glück.

Das hatten die Bewohner von Kobe und Awaji auch getan, bis ihr Glück sie am frühen Morgen des 17. Januars 1995 verließ. Die Gegend um die alte Hafenstadt im Süden von Honshu, der Hauptinsel Japans, galt im Gegensatz zur Kanto-Region als nicht erdbebengefährdet, entsprechend sorglos waren die Behörden im Umgang mit Katastrophenplänen und Vorbereitungen für den Ernstfall. Als die Erde um 5:46 Uhr zu wackeln begann, schliefen die meisten Menschen noch. Hätte sich das Beben nur wenig später während des morgendlichen Berufsverkehrs ereignet, wären weit mehr als 6 000 Tote zu beklagen. Kobe ist eine Gegend, die im Herbst häufig von schweren Taifunen heimgesucht wird, entsprechend waren viele der alten Holzhäuser, der besondere Stolz Kobes, mit schweren Dachziegeln gedeckt. Eine sinnvolle Sache, um das Haus bei Stürmen zu schützen, aber bei Erdbeben eine tödliche Entscheidung: Die schweren Dächer stürzten unter den heftigen Schwingungen beinahe ausnahmslos ein. Brände, die anschließend durch die engen Gassen der Altstadt tobten, raubten den Eingeschlossenen jede Hoffnung auf Rettung.

Alte Menschen in alten Häusern machten zwei Drittel der Todesopfer von Kobe aus.

Erstmals in der Geschichte Japans verfolgten Millionen live die Tragödie einer immensen Naturkatastrophe ihres Landes. Die Nation saß fassungslos vor dem Fernseher und sah zu, wie hilflos ihre Regierung angesichts dieser Katastrophe agierte. Die ersten Bilder kamen durch Fernsehreporter herein, die Menschen sahen eine Stadt in Flammen, ohne Feuerwehr, ohne Ambulanz, scheinbar ihrem Schicksal überlassen. Die Selbstverteidigungsarmee, die, zu ihrer Ehre gesagt, sofort einsatzbereit zur Stelle war, durfte nicht auf Stadtgebiet operieren, da nicht klar war, wer die entsprechende Befugnis aussprechen durfte. Schweizer Rettungsstaffeln saßen tagelang mit ihren Hunden auf dem Flughafen fest, da die Vierbeiner nicht ordnungsgemäß angemeldet waren. Die Menschen konnten es kaum glauben, dass ihnen lebensrettende Hilfe aufgrund bürokratischen Hickhacks verwehrt bleiben sollte. Sieben Tage war das Gebiet vollkommen ohne Wasser, es sollte weitere drei Monate dauern, bis Gas- und Stromversorgung wieder hergestellt waren.

Eine Welle von freiwilligen Helfern aus dem ganzen Land setzte sich in Bewegung. Zu aller Überraschung griff schließlich die berühmt-berüchtigte japanische Mafia, die *Yakuza,* ein und schaffte triviale und doch so wichtige Dinge wie Windeln und Babynahrung herbei, verteilte 20 000 Mittagessen und demonstrierte, dass adäquate Hilfe schlicht eine Sache der Organisation ist. Die japanische Unterwelt fühlte sich ihren Landsleuten verpflichtet genug, in Zeiten der Not helfend einzugreifen. Sollten diese Aktionen wohlmöglich auch eine Demonstration ihrer Stärke gegenüber der Obrigkeit sein? Die Menschen empfanden dies nicht so, für sie stand die praktische Hilfe im Vordergrund, egal ob sie von tätowierten Männern oder Anzugträgern der japanischen Bürokratie geleistet wurde. Im Nachhinein verwundert es, dass die Hilflosigkeit des Staates keine Massendemonstrationen ausgelöst, keine Plünderungen stattgefunden haben und das Leben in den Notunterkünften friedlich und diszipliniert verlief.

Wie wir seit Weihnachten 2005 auch aus den deutschen Medien genau wissen, lassen Erdbeben nicht nur den Untergrund wackeln, sie lösen bekanntlich auch Tsunamis aus, seismische Flutwellen, die nach einem Seebeben entstehen. Japan mit seiner langen Pazifikküste fürchtet diese Wellen nach jedem Beben. Küstenorte haben ausgeschilderte Fluchtplätze in sicherer Höhe. Dämme und Tore, die bis zu 25 Meter im Boden verankert sind, sollen die Hafenanlagen schützen. Der staatliche Fernsehsender NHK meldet grundsätzlich innerhalb von zwei Minuten, ob und wo Flutwellengefahr besteht. Da in den meisten japanischen Familien der Fernseher permanent läuft und alle Programme im Katastrophenfall unterbrochen werden und automatisch auf NHK umschalten, sind die Leute grundsätzlich gut informiert. Meist sind die Wellen nur ein paar Zentimeter hoch, sie können aber auch innerhalb von Minuten so gewaltig werden, dass für eine Flucht keine Zeit mehr bleibt. 1960, nach einem verheerenden Beben in Chile, lief eine riesige Flutwelle quer durch den Pazifik und traf nach 18 Stunden auf die japanische Küste. Trotz der Warnungen erfahrener Fischer starben über hundert Personen, darunter auch Schweizer Touristen, die sich das Phänomen aus nächster Nähe am Strand ansehen wollten.

Berge sind in Japan niemals weit, so finden sich in allen Küstenregionen ausgewiesene Zufluchtsstätten in höheren Lagen. Aber nicht alle Erhebungen bieten bei Erdbeben Sicherheit, denn Japans Gebirge bestehen zum großen Teil aus aktivem Vulkangestein. Ausbrüche finden weiterhin mit schöner Regelmäßigkeit statt. 20 Vulkane stehen unter ständiger Beobachtung, für die Gemeinden um den berühmtesten Vulkan Japans, dem Fuji, gibt es besondere Evakuierungspläne. Sein letzter großer Ausbruch liegt zwar schon eine Weile zurück (1707), doch Wissenschaftler befürchten, dass Tokyo als Konsequenz verkehrstechnisch von den Wirtschaftszentren Nagoya und Osaka abgetrennt sein wird. Japan plant daher bis zum Jahr 2025 eine Alternativstrecke für den Shinkansen. Diese Hochgeschwindigkeitszüge bilden das Herz des modernen japanischen Fernverkehrs. Ohne den Shinkansen würde der Transport von Millionen von Menschen entlang der Pazifikküste extrem erschwert werden. Für sämtliche Bahnstrecken in besonders gefährdeten Gebieten gibt es Notfallpläne, welche die Züge entweder sofort stoppen oder durch sogenannte High-Risk-Bahnhöfe durchbrausen lassen. Dazu zählen zum Beispiel Haltepunkte, die zu nah an der Küste liegen. Doch noch können wir alle beruhigt mit Japans Hochgeschwindigkeitszügen fahren, denn bis zum Ausbruch des heiligen Bergs Fuji können noch 1 000 Jahre vergehen, so behaupten es zumindest die Berechnungen der Wissenschaftler.

Dass sich andere Vulkane kaum an die Berechnungen der Wissenschaftler halten, zeigt der Vulkanausbruch auf der Insel Miyakejima im Sommer 2000. In einem Rhythmus von 20 Jahren spuckte der Vulkan immer mal wieder relativ friedlich Asche. Doch nach 2 500 Jahren scheinbarer Ruhe kam es am 18. Au-

gust 2000 zu einem gewaltigen Ausbruch. In dessen
Folge wurde die Insel für beinahe fünf Jahre unbe-
wohnbar, erst danach galt sie wieder als einigermaßen sicher und die Bewohner durften in ihre Häuser zurückkehren. Die lange Zeit der Evakuierung
verbrachten sie in Notunterkünften und städtischen
Sozialwohnungen ihrer Hauptstadt, da die kleine
Insel offiziell zu Tokyo gehört. Obwohl sie 180 Kilo-
meter entfernt mitten im Pazifik liegt! Der Umgang
der Behörden mit den Bewohnern Miyakejimas rief
viel Unmut hervor. Bei der Verteilung über die verschiedenen Notunterkünfte Tokyos wurden soziale
Bindungen kaum oder gar nicht berücksichtigt. Organisationen wie Ärzte ohne Grenzen weisen immer
wieder daraufhin, dass die Gefahr von Depressionen
nach einer Naturkatastrophe nicht zu unterschätzen
sei. Aber die japanischen Behörden weisen die Kritik vehement zurück. Für Japaner gelten besondere
Maßstäbe, sie seien nicht so leicht zu erschüttern. Leider stimmt das mit der Realität nicht überein, auch
Nippons scheinbar starke Menschen leiden seelisch,
wie sonst lässt sich eine Selbstmordrate von zehn
Prozent bei den über 60-Jährigen nach dem schweren
Erdbeben von Kobe erklären?

Zum Glück ist Japan keineswegs immer der hilflose
Spielball der Naturkräfte. Bei Taifunen, Flutwellen
und Vulkanausbrüchen funktionieren Frühwarnsys-
teme recht gut und Menschen kommen, im Verhältnis zum häufigen Auftreten solcher Katastrophen,
selten zu Schaden. Die Tsunami-Warnung nach dem
Erdbeben auf den Andamanen 2005 und 2009 klapp-
te hervorragend und auch bei der Erdbebenfrüh-
warnung macht das Land große Fortschritte: 16 Sekunden vor dem letzten schweren Erdbeben 2004
spuckte der Computer korrekt eine Warnung aus.

Auf den ersten Blick sind die wenigen Sekunden eine lächerliche Zeit, reichen sie doch kaum, um Deckung zu suchen. 16 Sekunden genügen jedoch, um auf den Alarmknopf der Atomkraftwerke zu drücken.

Trotzdem lässt sich die Unberechenbarkeit der Natur in Japan wohl nie ganz ausschalten. Doch was wäre Japans Seele ohne das Bewusstsein, dass unser Erdendasein jeden Augenblick erlöschen kann? Das Wissen um die Zerbrechlichkeit des Lebens schuf eine Kultur, die mit ihrem philosophischen Rüstwerk und den schönen Künsten weltweit Bewunderung findet. Leben bedeutet immer auch Tod, wer wüsste das wohl besser als die Japaner, die stetigen Tänzer auf dem Vulkan?

Vom Schnitzel zum Schätzchen

„Ich habe Ihnen das hier zum Einzug mitgebracht."
Der Telefontechniker greift in seine Tasche und setzt
etwas Zappelndes aufs Wohnzimmerparkett. Die
Kinder machen große Augen und weichen einen
Schritt zurück, als sich das Geschenk in Bewegung
setzt. „Den habe ich draußen vom Baum gepflückt",
strahlt mich der Mann an. „Kinder lieben doch Käfer. Da haben sie in der leeren Wohnung gleich was
zum Spielen und einen ersten neuen Freund in der
fremden Stadt!"
Mit einem starren Blick auf den gewaltigen Hornkäfer bedanke ich mich höflich für die Aufmerksamkeit.
Der Mann setzt das Tier kurzerhand in einen leeren
Umzugskarton. „Beim Gemüsehändler um die Ecke
gibt es Käfergelee. Das fressen die besonders gern!"
Die Kinder wagen sich näher heran und haben ihr
neues Haustier binnen Minuten ins Herz geschlossen. Mit Feuereifer stürzen sie sich in die Pflege des
kleinen Geschöpfs, die fremde Umgebung erscheint
ihnen auf einmal nicht mehr allzu schlimm. Ich gebe
mich geschlagen und plane für den Abend einen
Großeinkauf für Emil, unseren Käfer.

Hornkäfer wie Emil gehören zu einem japanischen
Sommer wie bei uns Vogelnester zum Frühling.
Kaum steigen die Temperaturen, haben die Läden
Käferhütten mitsamt Zubehör wie Baumstämmchen
und Futterstellen im Angebot. Dazu erhält man entweder den fertig entwickelten Käfer oder man er-
steht die Larven und hofft auf eine erfolgreiche Kin-
derstube. Stadtbewohner kaufen Käfer, die Kinder
auf dem Land suchen sich ihre Tierchen selbst. In
den Wäldern halten sie Ausschau nach Hornkäfern.

Finden sich keine, tun es auch Riesenameisen oder Regenwürmer. Mit großen Schmetterlingsnetzen streifen sie durch die Reisfelder und fangen Libellen. Eigentlich braucht man dafür nur den Zeigefinger in die Luft zu recken, Libellen landen gerne darauf.

In Japans schwül-heißem Sommer herrscht kein Mangel an Insektennachwuchs, schon seit Jahrhunderten ist das Halten von Krabbeltieren eine beliebte Beschäftigung im ostasiatischen Raum. Der kindliche Thronerbe in Bernado Bertoluccis China-Film „Der letzte Kaiser" spielt mit einer Grille in einem winzigen Kästchen, als ihn die Nachricht vom Tod der mächtigen Kaiserinwitwe Cixi ereilt. In Japan halten sich Jungen ihre Grillen im heimischen Hausflur gleich auf dem Schuhschrank. Andere hüten dort ihre Goldfische, die sie auf einem *Matsuri*, einem Schreinfest, gewonnen haben. Für den Heimweg kommen die Fischlein in eine kleine Plastiktüte. Allzu oft überstehen sie die Strapazen nicht. Zudem haben einige von ihnen die unangenehme Angewohnheit, in Kamikaze-Manier immer wieder aus dem Wasserbecken zu springen. Auch das empfindet kaum jemand als besonders tragisch. Stirbt ein Goldfisch, besagt ein Sprichwort, hat er das Unglück der Familie auf sich geladen und so seine Aufgabe auf Erden erfüllt.
Dem großen Bruder des Goldfisches, dem edlen Brokatkarpfen, ergeht es da weitaus besser. Als Statussymbol im Wert von mehreren Tausend Euro wird er gewöhnlich professionell gehegt und gepflegt. Der Koi braucht einen Teich, der wiederum Teil einer Gartenanlage ist. Und den haben in ausreichender Größe nun mal nur die sehr viel Besserverdienenden. Hat man dazu nicht das Geld, lassen die Leute die Finger von den beliebten Zierkarpfen und füttern

sie lieber mit Begeisterung in den Gewässern der öffentlichen Parks.

Galten lange Zeit Zierfische, Insekten oder auch mal eine Katze als die klassischen Haustiere Japans, muss es nun unbedingt ein Hund sein. „Soll ich dir mal unser Geheimnis zeigen?", fragt mich das kleine Nachbarsmädchen und öffnet stolz ihre Tasche. Darin sitzt ein kleiner Papillon, ein Zwergspaniel, und guckt mich mit großen Augen an. „Mama hat gesagt, wir dürfen nicht sagen, dass wir jetzt einen Hund haben. Das ist doch verboten!" Die große Schwester macht resolut die Tasche wieder zu und schimpft die Kleine für das Verplappern aus. Doch dann siegt auch bei ihr die Erzähllust. „In der Wohnung dürfen wir doch keine Hunde halten. So schmuggeln wir Mimi jeden Tag in den Park. Sie ist doch so süß!"
Seit knapp 15 Jahren befindet Japan sich in einer Art Hunderausch. Nach dem Platzen der Wirtschaftsblase besann man sich wieder mehr auf Heim und Herd. Und dazu gehört, so suggerierte damals schon kräftig die Werbung, natürlich auch ein Hund. Innerhalb von drei Jahren stieg die Anzahl der Hundehalter von 1,5 auf 11,3 Millionen. Heute gilt der Hund als Japans beliebtestes Haustier, nur welche Rasse gerade besonders populär ist, wechselt regelmäßig. Wesenszüge oder gar Ansprüche des Hundes zählen dabei kaum. Einzig wichtig ist das Image, das der Hund zu vermitteln hat. Zum Auftakt des Hypes waren große Rassen wie der Golden Retriever und Siberian Husky gefragt, denkbar ungeeignet für Japans enge Wohnverhältnisse und seine Tropentemperaturen. Mit dem Disneyfilm „101 Dalmatiner" folgten die gepunkteten Vierbeiner, mit Paris Hilton kam der Chihuahua. Sein runder Apfelkopf und die großen Augen erinnern in ihrer Form stark an niedliche Babygesichter und so

wird der kleine Schnapper besonders von den japanischen Frauen heiß geliebt, die noch keine Lust auf eine eigene Familie haben, aber gleichzeitig das Gefühl vermissen, gebraucht zu werden. Ein vierbeiniger Liebling ist der ideale Lückenfüller. Er wird gebadet und angekleidet, mit Leckerlis aus garantiert kontrolliertem Anbau verwöhnt und beinahe ständig auf dem Arm getragen. So ein kleiner Hund passt auch ausgewachsen in praktisch jede Handtasche, und was gibt es nicht alles an entzückendem Zubehör zu kaufen! Ganz wie Frauchen trägt Lucky, Cherry oder Moko mal einen Kimono oder einen Rüschenrock, für die Jungs gibt's eine Jacke im Militarylook. Da legt man gerne 100 Euro und mehr hin, hat doch schon die Leine von Louis Vuitton das Fünffache gekostet.

Katzen und andere Haustiere sind da nicht so geduldig, und ein großer Hund sieht im gestreiften Jäckchen auch eher dumm als niedlich aus. Größere Hunde finden sich daher oft in Haushalten mit älteren Bewohnern. Statistisch gesehen mögen besonders die über 50-Jährigen einen kuscheligen Lebensgefährten. Sind die Kinder aus dem Haus, nimmt oftmals Fifi den vakanten Platz ein. Er wird nach Herzenslust verwöhnt und gibt noch nicht mal freche Widerworte. Kein Wunder, dass es in Japan gegenwärtig mehr Hunde als Kinder unter 15 Jahren gibt. Auch die Immobilienbranche sieht hier Potenzial und bietet mittlerweile Wohnblocks speziell für Hundebesitzer an. Extras wie Hundedusche beim separaten Hundeeingang, Warnknopf am Fahrstuhl, der anzeigt, dass ein Hund eingestiegen ist, sowie besondere Schallisolierung soll auch Nicht-Hausbesitzern das Halten eines tierischen Freundes ermöglichen. Denn noch verbieten beinahe alle Wohnungseigner das Halten von Haustieren. Allzu lange Stunden in Einsamkeit und Langeweile machen aus den Hunden elendige

Kläffer, die mit ihrem Gejaule die Nachbarschaft tyrannisieren. Der intensive Geruch reiner Wohnungshaltung schreckt ebenfalls so manchen Nachmieter ab. Obwohl ich selbst Hunde sehr mag, hielt mich der vorprogrammierte Ärger mit Nachbarn und Vermietern in Japan immer davon ab, tatsächlich einen Hund anzuschaffen. Täglich einen Hund vor den Augen der Nachbarn geheim zu halten, wie unsere Nachbarn es mit dem Papillon Mimi taten, das hätten meine Nerven nicht ausgehalten. Zum Ausgleich meiner unerfüllten Haustierwünsche schaute ich hin und wieder bei der Hundewiese unseres Nachbarblocks vorbei, der sich auf das Vermieten von Wohnungen an Hundebesitzer spezialisiert hatte. War der Auslauf auch sehr klein, durften die Tiere hier immerhin frei umherlaufen. Außerdem entpuppte sich der Ort als perfekte Kontaktbörse: Es reichten einige bewundernde Bemerkungen über die Intelligenz oder Schönheit des Hundes, und schon war ich in ein intensives Gespräch über Gott und die Welt der Hunde verwickelt. So lernte ich auch Frau Ando und ihren lebhaften Irish Setter Dusky kennen. Die Andos hatten sich Dusky noch in der alten Wohnung angeschafft, waren aber bald darauf in die hundefreundliche Anlage gezogen. „Seit wir hier wohnen, ist das Leben mit Dusky so einfach geworden! Die Hundewiese liebt Dusky, wir kommen jeden Nachmittag hierher!" Stolz blickt sie dem Setter hinterher, der wie verrückt mit einem Zwergdackel spielt. „Früher trafen wir Frauen uns mit Eimer, Schippchen und Kleinkind an der Hand am Sandkasten. Heute lernen wir durch Dusky ganz viele nette Leute kennen!", lacht die enthusiastische Hundebesitzerin.

Hält die Begeisterung von Frauchen oder Herrchen ein ganzes Hundeleben, führen Dusky und Co. nicht unbedingt ein artgerechtes, aber immerhin ein äußerst komfortables Leben. Doch damit kann ganz schnell Schluss sein, wenn die Zuneigung in Überdruss und Widerwillen umschlägt. Ein Welpe lässt sich schnell im Baumarkt oder in der nächsten Zoohandlung erstehen. Genauso schnell kann er seinem neuen Herrn auf den Wecker gehen, weil er Erziehung braucht, die er nicht bekommt. Viele Hunde, vor allem die kleinen Rassen, entwickeln aus Langeweile und Frustration Macken. Notwendige Spaziergänge werden aufs Wochenende verschoben oder entfallen ganz. Der Hund hat ja sein Klo daheim, heißt es. Den Tagesrhythmus zugunsten tierischer Bedürfnisse zu ändern, darauf kommt kaum einer. Dabei halten sich Japans Hundebesitzer in der Öffentlichkeit so brav an die Vorschriften, dass jede deutsche Stadtverwaltung nur neidisch sein kann. Kein Hund läuft draußen ohne Leine, seine Häufchen werden ohne Murren aufgesammelt. Alle Hunde werden bei der Übergabe der Hundemarke kontrolliert und geimpft, immer mehr Tierpraxen versorgen die Gefährten mit bester Heilkunst. Und trotzdem landen in manchen Jahren über 400 000 Hunde im Tierasyl. Hier erhalten die Tiere vom Gesundheitsamt eine achttägige Gnadenfrist und werden dann getötet. Vergast.

Gibt der Besitzer das Tier gar selbst ab, geschieht dies gewöhnlich innerhalb von 24 Stunden. „Seit dreißig Jahren arbeite ich hier im Tierheim. Ich hasse den Augenblick, wenn ich das Gas in unsere *Dreambox* einleiten muss", erzählt der Tierpfleger eines Centers in Osaka. „Ich will es den Tieren am Ende so schön wie möglich machen, aber es sind so viele, die hier jeden Tag abgeliefert werden." Der Mann gerät richtig in Rage, wenn wieder einmal jemand einen alten oder kranken Hund im Sack vorbeibringt. Darunter sind viele Rassehunde, auffallend der große Anteil an kleinen Hunde. Einmal landete sogar ein chinesischer Shi Tzu mit Schleifchen und Pullover bei ihnen. Manche der überdrüssigen Halter lassen mit sich reden, andere laden die Tiere wie Ware einfach am Eingang ab.

Dass es auch anders geht, zeigt das Tierheim in Kumamoto, Südjapan. 2009 konnte es sämtliche Hunde an neue Besitzer vermitteln und musste nicht einen Hund töten. Andere Tierheime versuchen nun, zumindest für die Hälfte ihrer Schützlinge ein neues Zuhause zu finden. Dabei erhalten sie Unterstützung von den zahlreichen Tierschutzvereinen, die sich der Hunde annehmen und sich regelmäßig mit ihnen vor Bahnhöfe stellen, um neue Herrchen zu finden. Auch meine Freundin Nora kam so zu ihrem Zweithund. „Er war der Hässlichste von allen und saß völlig verängstigt in der Ecke des Kaninchengatters. Absolut nicht *kawaii*, also niedlich. So einen wollte bestimmt niemand haben. Also musste ich ihn mitnehmen!" Die Leute vom Tierschutzbund brachten den Mischlingshund Yummy am nächsten Tag gegen eine Gebühr von umgerechnet 80 Euro vorbei. Die Lieferung bis zur Haustür ist nicht nur ein netter Service, sondern vor allem Schutz für den Hund. Allzu oft kaufen Dealer herrenlose Hunde auf, um sie an Versuchslabore weiterzuvermitteln. Dies gilt natürlich auch für Hunde, die zufällig von der Straße aufgegriffen werden. Der Besitzer kann sich ans Gesundheitsamt wenden und erhält seinen Hund mit etwas Glück rechtzeitig vor Ablauf der acht Tage zurück. NTT, Japans größte Telefongesellschaft, bietet nun einen besonderen Service an: eine eigene Telefonnummer für Wauwau oder Mieze, die *Wan-nyan-ba*. Die Tiere bekommen sie auf einer Marke umgehängt oder auf ihrem Mikrochip eingespeichert, der ihnen als persönliche Datenbank mit einer Injektion in den Nacken eingepflanzt wird. Die Daten werden im Tierheim mit einem speziellen Gerät gelesen und garantieren eine zügige Kontaktaufnahme zum Besitzer. Das Besondere der 050-Nummer ist der Schutz der persönlichen Telefondaten. Sämtliche Anrufe laufen über eine Zentrale, die diese nur nach Einwilligung weiterleitet. Bei den mittlerweile 13 Millionen Hunden und 14 Millionen Katzen ist das sicherlich eine lukrative Geschäftsidee. Wie überhaupt alles, was mit dem Heimtiermarkt zusammenhängt, sei es nun Futter, Kleidung, Gesundheit oder Wellness. Clevere Unternehmer vermieten zum Beispiel Hunde stundenweise zum Gassigehen, ein Café bietet Kunden zahlreiche Katzen zum Knuddeln beim Eisschlecken an. Doch mit der Beliebtheit von Hunden können die Stubentiger nicht mithalten. Immerhin halten sich 18 Prozent der Bevölkerung einen Hund und knapp die Hälfte träumt davon, einmal einen zu haben. In Deutschland liegt die Zahl der Hundebesitzer übigens darunter, bei rund 14 Prozent.

Dabei hatten die Vierbeiner bis weit in die Nachkriegszeit keinen guten Stand. Begeisterte die Aristokratie sich im frühen Mittelalter ganz nach chinesischem Vorbild für kleine elegante Hunde wie den Japanischen Chin, dienten die gewöhnlichen Tölen dem Militäradel des elften Jahrhunderts als Fleischlieferant und Zielscheibe. Das Bogenschießen auf Hunde war fester Bestandteil der Ausbildung der Samurai und endete erst unter Kaiser Meiji 1881. Grund dafür war beileibe nicht der Gedanke des Tierschutzes, sondern reiner Platzmangel für die großen Übungsareale. Der Brauch, Hunde zu verzehren, endete erst im 17. Jahrhundert, als Fleischgenuss per Gesetz generell eingeschränkt wurde. Hunde duldete man in den stetig wachsenden Städten als Müllschlucker, der Bevölkerung galten sie als unrein und verachtenswert. Doch es gab schon damals richtige Hundenarren. Zu ihnen zählte sogar ein Shogun, Tokugawa Tsunayoshi (1674–1709). In seinen späten Jahren verordnete er der Bevölkerung Hundeliebe, Misshandlungen stellte er unter Todesstrafe. 1695 ertrank Edo, wie Tokyo damals hieß, regelrecht in Hundekot, sodass man kurzerhand 50 000 Hunde außerhalb der Stadtgrenzen verfrachtete und sie auf Kosten der Steuerzahler mit Reis und Fisch verköstigte. Kaum war der „Hunde-Shogun" (*Inu-Kobo*) verstorben und die Beerdigungsriten abgeschlossen, wurde das Gesetz auch schon abgeschafft, obwohl Tsunayoshi angeblich noch auf dem Totenbett um die Straßenhunde besorgt war.

Doch nicht alle Hunde lebten damals auf der Straße. Schon früh wurden kräftige und ausdauernde Hunde für die Jagd gezüchtet. Mit anderen veranstaltete man Kämpfe, die vor allem in der friedlichen Edo-Zeit als Ventil für die einsatzlosen Samuraikrieger dienten. Heute finden diese Kämpfe noch regelmäßig auf der südlichen Insel Shikoku mit den mächtigen Tosa-Hunden statt. Die Regeln folgen den Vorschriften des Sumo-Ringkampfs: Es verliert der Hund, der als Erster jault, knurrt oder gar dem Gegner den Rücken zuwendet. Die über 60 Kilo schweren Hunde sind beileibe keine Kuscheltiere und werden daher fast nie an Außenstehende abgegeben. Andere typische japanische Hunderassen wie der Akita oder Shiba finden sich heute auf der ganzen Welt. Dabei begannen ernsthafte Züchtungen erst im 20. Jahrhundert mit dem aufkeimenden Nationalismus nach dem siegreichen Russisch-Japanischen Krieg. 1931 wurde die Rasse der Akita Inu offiziell unter Naturschutz gestellt. Einen Boom erlebte der Akita mit dem Hund Hachiko, dessen Geschichte 1932 durch die japanische Presse ging. Hachiko war der Hund des Universitätsprofessors Ueno Eizaburo. Professor Ueno fuhr jeden Morgen vom Bahnhof Shibuya in Tokyo zur Arbeit. Morgens begleitete ihn der Hund bis dorthin, abends holte er seinen Herrn wieder ab. Bis Ueno eines Tages während der Arbeit verstarb. Hachiko war damals noch keine zwei Jahre alt und kam fort zu Verwandten. Von dort verschwand er, um am Bahnhof weiterhin auf den Professor zu warten. Der Bahnhofvorsteher nahm sich daraufhin des Hundes an und versorgte ihn. Bis zu seinem Tod am 8. März 1935 wartete Hachiko brav jeden Abend auf die Rückkehr des Professors. Ein Zeitungsartikel über den loyalen Hund löste landesweite Bewunderung aus, eine Statue wurde am Bahnhof errichtet. Sie wurde zum Symbol für Loyalität und Pflichterfüllung. Am Todestag von Hachiko verschwand sie unter einem Meer von Blumen, die Regierung rief Staatstrauer aus. Trotz der hohen Achtung vor Hachiko verschonte der Krieg die Statue nicht, sie wurde eingeschmolzen. Heute steht eine Replik vor dem Bahnhof von Shibuya und dient als beliebter Treffpunkt für Tokyos Liebespaare.

Auch den lebenden Akita-Hunden erging es in den Kriegsjahren schlecht. Große Hunde wurden als überflüssige Fresser eingestuft, ihr Fell diente zur Fütterung von Militärmänteln. Alle Hunde, die nicht im Polizei- oder Militärdienst standen, wurden damals getötet. Nur die Deutschen Schäferhunde waren von der Regel ausgenommen, man wollte wohl die Achsenmacht Deutschland nicht verärgern. Viele Züchter kreuzten ihre Hunde mit Schäferhunden, um sie zu retten, und nur ganz wenige reinrassige Akita-Hunde überlebten die Kriegsjahre.

Nach dem Krieg bis weit in die Achtzigerjahre war Japans Hundewelt vom Hofhund im Zwinger geprägt. An einer langen Kette marschierte er am Zaun entlang und verschwand des Nachts in seiner Hütte. Als Welpe wurde er natürlich von den Kindern ausgiebig beschmust, aber auch das nur draußen. Niemandem wäre es im Traum eingefallen, den Kleinen mit ins Haus zu nehmen. Glücklich war der erwachsene Hund, der ab und zu auf einen Spaziergang mitgenommen wurde. Trotzdem waren sehr wenige Hunde aggressiv oder gar bösartig. Im Gegenteil, sie alle lechzten nach Zuwendung und verhielten sich auch Fremden gegenüber freundlich zurückhaltend. Nur gut, dass Einbruch eh ein seltenes Delikt in Japan ist!

Der Hund als Wächter von Hab und Gut ist heute kaum noch gefragt, Hofhunde vom alten Schlag findet man in Japan immer seltener. Das bedeutet jedoch nicht, dass nun alle japanischen Hunde verhätschelte Schätzchen sind. Die Anzahl der sogenannten Assistenzhunde, wie zum Beispiel Blindenhunde, steigt auch hier kontinuierlich. Die ersten vier Blindenhunde Japans stammten übrigens aus Deutschland. Rita, Asta, Bodo und Rudi kamen 1939 allesamt ans Militärkrankenhaus Nummer eins in Tokyo. Erst seit 1957 werden Blindenhunde direkt in Japan ausgebildet. Gegenwärtig sind an die 1 000 Hunde registriert, weitere arbeiten als Helfer für Gehörlose und Rollstuhlfahrer. Obwohl Japan regelmäßig von Erdbeben heimgesucht wird, gibt es recht wenig ausgebildete Rettungshunde, ihre Zahl schwankt um die 80, in Deutschland sind es über 500. Diese Hunde finden in den Medien immer stärkere Beachtung. Vielleicht auch, um zu zeigen, was in so manchem Vierbeiner stecken könnte, wenn er nur richtig behandelt würde?

Emil der Käfer war mit unserer Versorgung anscheinend auch nicht sehr zufrieden, eines Tages
war er vom Balkon verschwunden. Ob er allein den
Weg in die Freiheit fand oder jemand dezent nach-
half, wird wohl ein Familiengeheimnis bleiben.
Sein Nachfolger wurde eine Schildkröte, zu einem
Haustier mit Kuschelcharakter brachten wir es in Japan irgendwie nie.

Götter sind auch nur Menschen

Meine Beine schmerzen, meine Beine schmerzen, meine Beine schmerzen …! Ich kann an beinahe nichts anderes denken und dabei soll ich doch nichts denken. Mein Kopf ist voll, mein Bauch jedoch leer. Ich will Kaffee, wann es wohl Frühstück gibt? Haben die wenigstens Milch hier? So wird das nichts mit meiner persönlichen Erleuchtung, ich kann einfach nicht innerlich abschalten. Dabei sollte uns dieses Wochenende himmlische Ruhe und Entspannung bringen. Meine amerikanische Uni-Freundin hat mich dazu überredet, japanische Freunde winkten allesamt lustlos ab. Kein Interesse, keine Zeit, kein Geld, die Ausreden ähnelten sich irgendwie. Ganz im Gegenteil zu den enthusiastischen Ausländern: Als ordentlicher *Gaijin*[1] muss man das einfach mal mitgemacht haben. Eine Übernachtung im Zen-Tempel ist quasi Beleg und Gütesiegel in einem, dass man zum Insiderzirkel der echten Japankenner gehört.

Bei unserer Reise in die Ruhe habe ich allerdings irgendwann den Absprung verpasst und nun zappele ich innerlich wie ein Fisch auf dem Trockenen, während der Zen-Meister mit einem langen Bambusstock zwischen uns Wochenend-Novizen auf und ab geht. Wer den Faden der Konzentration verloren habe, solle sich melden. Er bekomme dann vom Meister leichte Schläge auf die Schulter. Das solle helfen, sich wieder in sich selbst zu versenken. So hatte man es uns bei der Einführung zumindest er-

---

1   *Gaijin* bedeutet „Person von außerhalb", also schlichtweg „Ausländer". Egal, wie man sich anpasst, ein Ausländer wird in Japan immer „außen vor" bleiben. Als Gegenpol schließen sich Ausländer aller Nationen gerne zusammen und kultivieren ein intensives Gruppenleben.

klärt. Und nun hocke ich also furchtbar unbequem, aber dafür total authentisch japanisch auf meinen Fersen und kann mich nicht dazu überwinden, dem Mönch ein Zeichen zu geben. Wer lässt sich schon gerne schlagen?

Dabei hatte dieses Wochenende so gut begonnen. Im voll klimatisierten Bus erreichte unsere kleine Aus-länderschar am späten Hochsommernachmittag den Tempel, die Zikaden zirpten schon ihr Dämmerkon-zert. Einmal im Jahr bot die Universität ihren auslän-dischen Studenten eine Minireise an. Im Jahr zuvor besuchten wir die Schneehütten im nördlichen Akita, leider hatte die Schneeschmelze schon eingesetzt und das Ganze wurde eine elendig matschige Angelegen-heit. Diesmal sollte uns eine Übernachtung im Zen-Tempel die spirituelle Seite Japans näher bringen.

Junge Mönche begrüßten uns, sie führten uns durch die weite Anlage und erklärten uns in perfektem Englisch die tägliche Tempelroutine. Anschließend ging es zum Umziehen, alle Teilnehmer erhielten die Tracht der Novizen in Einheitsgrau. Nach ei-nem sehr frühen vegetarischen Abendessen ging es natürlich auch besonders früh „ins Bett", auf ei-nem dünnen Futon in einem riesigen Schlafsaal. In der sommerlichen Hitze wälzten wir uns stumm für Stunden, Gespräche waren verboten. Um vier Uhr morgens kam der Weck-Mönch und führte uns in die große Halle zum Morgengebet. Dort standen wir nun gemeinsam mit den „echten" Mönchen vor der großen Buddhafigur, murmelten gemeinsam kur-ze Gebete, knieten gemeinsam nieder und standen gemeinsam wieder auf. Darin waren wir alle rich-tig gut, das hatten wir am Abend zuvor unter Anlei-tung gründlich geübt. Einzige Beleuchtung waren die brennenden Öllampen, die tanzenden Lichter schienen den goldenen Buddha zum Leben zu er-

wecken. Die Luft war erfüllt vom Rauch der brennenden Sandelholzstäbchen und den tiefen melo-
dischen Stimmen der Mönche. Kurz, die Stimmung
war entrückend zauberhaft.

Nach einer halben Stunde Auf und Nieder wurde
das Ganze dann aber doch ermüdend. Ich begann,
das Ende herbeizusehnen. Vorfreude auf die an-
schließende Meditation stieg in mir auf: Endlich nur
mal ruhig sitzen! Das wird schön, dachte ich mir,
während eines weiteren Kniefalls, mir selbst Trost
zusprechend. Tatsächlich hielt sich meine Freude
über das Sitzen in typisch japanischer Manier knap-
pe zehn Minuten. Dann wurde es unbequem, sehr
unbequem. Letztendlich gab ich auf und begann,
einfach auf das Ende zu warten. Beim anschließenden Frühstück erzählten alle von ihren befreienden
Erfahrungen, ich blieb still. Was hatte ich mit meinen
profanen Hungergefühlen schon zu bieten? Erst viele Jahre später lernte ich, dass das Loslassen an sich
schon ein ziemlicher Fortschritt war. Ich hatte mein
Leid angenommen und konnte es dadurch ein win-
ziges Stück überwinden.

Viele Zen-Tempel in Japan bieten eine Art Schnup-
perkurs für Anfänger an. Sie haben nichts dagegen, wenn Interessierte vorbeischauen und das
Klosterleben ein wenig kennenlernen wollen. Niemand fragt, ob man Christ, Muslim oder sonst was
sei. Wer mitmachen will, ist jederzeit willkommen.
Wer gehen will, wird nicht aufgehalten. Der Mensch
hat halt je nach Lebensabschnitt andere Bedürfnisse, und die Religion muss dem gerecht werden und
nicht der Mensch der Religion. Der Staat unterstützt
diese Offenheit, indem er sich strikt von jedwe-
der Religion fernhält. Glaube ist Privatsache, in Japan darf jedermann nach seiner (religiösen) Fasson

glücklich werden. Es gibt keine religiösen Feiertage mehr, keinen Religionsunterricht und nirgendwo die Spalte im Formular, zu welchem Glauben man sich denn nun bekenne.

Streit um Kopftücher und Kruzifixe sind in Japan undenkbar, die beiden Hauptglaubensrichtungen Shintoismus und Buddhismus kennen kein bindendes Glaubensbekenntnis oder gar Missionarseifer. Und da sie seit 1 500 Jahren friedlich Seite an Seite existieren – Amaterasu als oberste Göttin des Shintoismus verkündete gleich bei der Einführung des Buddhismus, sie sei eigentlich eine Erscheinung Buddhas –, stand der Doppelverehrung nichts im Weg. Seitdem überlappen sich im Volksglauben Riten und Gebräuche beider Religionen, buddhistische Tempel finden sich regelmäßig mitten auf einem shintoistischen Schreingelände. Und so kommen japanische Umfragen immer wieder auf 80 Prozent Buddhisten und 95 Prozent Shintoisten, doppelt gemoppelt hält eben besser.

Ausnahme und daher wohl auch extreme Minderheit bildet das Häuflein japanischer Christen. Haben sich Japaner einmal zum Christentum bekannt, richten viele ihr Leben unglaublich strikt daran aus. Ihr Alltag bewegt sich nur noch im Rahmen ihrer Gemeinde mit stundenlangen Gottesdiensten und Bibelstunden. Gerne hätte ich auch mal für mich allein einen Gottesdienst in Japan besucht, aber der Missionseifer der Gemeinde wurde mir schon nach kurzer Zeit zu viel. Als ich mich weigerte, meinen Mann zu bekehren, da war ich gerade mal den zweiten Sonntag dabei, sagte mir eine Frau ernsthaft: „Mein Mann will sich auch nicht taufen lassen. Aber er und die Jungs müssen nun alleine klar kommen. Ich habe mich für Gott entschieden." Ich habe mich dann auch ganz schnell entschieden, aber für meine Familie.

Das Gros der Japaner sieht im Christentum eher eine willkommene Aufpeppung des eigenen Alltags. Weihnachten feiert die Nation mit wachsender Begeisterung ohne sich um Sinn und Zweck zu scheren. Eine richtige Hochzeitsfeier ist nur komplett, wenn das Brautpaar auch von einem vermeintlich christlichen Priester gesegnet wurde. Also bieten die Hotels in ihren Hochzeitspaketen auch eine kurze Trauung in der hauseigenen Kapelle inklusive blondem Priester an. Dass der Priester zumeist keiner ist, sondern ein angeheuerter Student oder Sprachenlehrer, stört hier niemanden. Hauptsache, es ist schön feierlich und exotisch westlich. Eigentlich nicht unähnlich unserer Zen-Meditation, wo wir auch mal kurz in eine andere Religion reinschnuppern, ohne uns groß um die Gesamtbedeutung zu kümmern.

Hier ein Gebet am Schrein, dort eine Opfergabe vor einer kleiner Buddha-Statue, auf den ersten flüchtigen Blick scheint das Hin und Her zwischen den Religionen planlos. Doch das ist es keineswegs, es herrscht Arbeitsteilung zwischen den Religionen.
Alle Buddhisten eint das Ziel, das Leid dieser Welt hinter sich zu lassen und den Zirkel der Wiedergeburten zu durchbrechen. Allein der Glaube an Buddha und die Überwindung schlechter Taten und Gedanken, dem persönlichen Karma, bringen dem Menschen die Erlösung. Wie das zu vollbringen ist, zeigt die historische Figur des Buddha. Die unzähligen Bodhisattvas, Erleuchtete auf dem Weg zum Nichts, denn vom Paradies sprach Buddha nicht, verehren die Gläubigen ebenfalls. Obwohl diese Heiligen kurz davor stehen, den Zirkel der Wiedergeburten endgültig zu durchbrechen, schieben sie ihre persönliche Erlösung auf, um den leidenden Menschen den Weg zu weisen. Denn wer will schon im-

mer wieder als Schnecke oder Ameise ins Leben zurückkehren? Aus dieser Vorstellung heraus entstand
der tiefe Respekt vor sämtlichen Lebewesen, gläubi-
ge Buddhisten sind daher auch strenge Vegetarier
und lehnen sämtliche Rauschmittel wie Alkohol und
Tabak ab. Das ist dem Durchschnittsjapaner meist
eindeutig zu lästig. Er mag nicht von seinen kleinen
täglichen Sünden lassen.

Zugegeben, Fleisch gibt es nicht in den gewohnten
abendländischen Mengen, doch umso stärker fließt
hier bekanntlich der Alkohol – die Wenigsten sind
fürs Asketendasein geschaffen. So lässt der schwache Mensch Zeit seines Lebens Buddha einen guten
Mann sein. Erst in der Stunde des Todes geht er auf
Nummer sicher, und die Familie ruft den buddhistischen Priester.

Gibt es auch nur noch wenige Mönche – einem Bet-
telmönch zu begegnen, ist ein echter Glücksfall –,
herrscht an buddhistischen Priestern kein Mangel.
Gerne wird der Berufsstand an den eigenen Sohn
vererbt, wenn auch immer öfter in Teilzeit. Japans
buddhistische Priester dürfen heiraten, das war
schon immer so. Mein Studienkollege Toshio stammt
aus einer sogenannten Tempelfamilie. „Wenn mein
Vater zu alt wird, werde ich sein Amt als Priester
übernehmen", erzählte er mir einmal wie selbstverständlich. „Zumindest nebenberuflich. Arbeit gibt
es ja immer für uns." Wie wahr, denn buddhistische
Priester haben in Japan einen beinahe krisensicheren
Job: Sie bringen die Verstorbenen sicher ins Jenseits.
Sozusagen konkurrenzlos, denn Japans ureigene Religion, der Shintoismus, will mit dem Tod nichts zu
tun haben. Deren Priester überlassen das Beerdi-
gungsgeschäft nur allzu gerne ihren buddhistischen
Kollegen. Die Handvoll Christen bilden auch keine

ernsthafte Konkurrenz. So eine buddhistische Beerdigung kostet Geld und zwar richtig viel. Kein Sohn und keine Tochter riskiert es, die Eltern ohne properen Sanskritnamen in die Ewigkeit zu verabschieden. Die korrekte Wahl lässt sich der Priester teuer bezahlen, verschiedene Namen haben verschiedene Preise. Der Verstorbene wird gewöhnlich daheim vor dem buddhistischen Hausaltar aufgebahrt, zur Totenwache versammeln sich Verwandte und Freunde und beten mit dem Priester, um den elenden Zyklus der Wiedergeburt zu brechen. Das monotone Tocktock der Priestertrommel hallt dann Tag und Nacht rhythmisch durch die Nachbarschaft. Als unser vierjähriges Nachbarskind tödlich verunglückte, habe ich nach einem Tag endloser Gebete und Weihrauchschwaden meine Sachen gepackt und bin vor dem Ton regelrecht geflohen. Wer das einmal erlebt hat, wird sich nie wieder so eine Trommel als Souvenir kaufen und wohlmöglich als Essensgong benutzen.

Ein wichtiger Teil der Beerdigungszeremonie ist für uns beinahe unvorstellbar: Die engsten Angehörigen picken nach der Feuerbestattung die Knöchelchen des Toten eigenhändig aus der Asche und legen sie in die Urne. Die wird dann in Brokat geschlagen und kommt daheim erst einmal in den Hausaltar, später wird sie im Familiengrab beigesetzt. Der prächtige Hausaltar mit den Flügeltüren steht meist im Tatami-Zimmer, das die Oma auch als Schlafzimmer nutzt. Sie öffnet morgens den Altar, richtet die Opfergaben vor der Buddhastatue und den Namenstäfelchen und Fotografien verstorbener Verwandter und berichtet den Ahnen am Abend vom Tagesgeschehen, bevor der Altar für die Nacht verschlossen wird. Der Tod lieber Angehöriger ist in Japan ein Abschied auf Raten.

Das pulsierende Leben gehört jedoch dem Shintoismus. Der „Weg der Götter", wie die Lehre übersetzt heißt, war ursprünglich eine Mischung aus Naturanbetung, Heldenverehrung und Fruchtbarkeitsriten und stammt vermutlich von den schamanistischen Kulturen des asiatischen Festlandes. Im Zentrum des Glaubens steht die Verehrung der Götter, die sich in belebten wie unbelebten Gegenständen widerspiegeln. Zwischen Natur und Mensch besteht dabei kein großer Unterschied. Ein merkwürdig geformter Stein kann ebenso heilig gesprochen werden wie fürs Vaterland gefallene Krieger. Besonders alte Bäume scheinen bei den Göttern ein beliebter Wohnsitz. Sie sind von einem Reisstrohseil umschlungen und viele kleine Münzen stecken als Opfergaben in ihrer Rinde. Eine Erklärung, welcher Gott denn nun verehrt wird, fehlt meist. Nur wenige Schreine wie zum Beispiel der Meiji-Schrein in Tokyo bilden eine rühmliche Ausnahme; hier werden der ehemalige Kaiser und seine Gemahlin für ihre herausragenden Verdienste um die Öffnung des Landes verehrt. Sein Sohn Taisho und Enkel Showa kamen hingegen schlicht in die Familiengruft nach Hachioji außerhalb der Hauptstadt.

Den Legenden nach erschufen die ersten der acht Millionen Götter einst das Inselreich und entsandten den ersten Kaiser vom Himmel auf die Erde, einen Nachfahren der obersten Sonnengöttin Amaterasu. Dieser göttliche Erdenherrscher brachte den Japanern das Wissen um Reisanbau, Fischfang und die soziale Ordnung mit dem Tenno an der Spitze bei. Wegen dieser Gründungsmythen sah Japan sich seit dem Altertum bis 1945 unauslöschlich mit der Götterwelt verbunden. Erst die neue Verfassung und die radikale Trennung von Staat und Religion beendete offiziell die enge Liaison der Japaner mit den Göttern.

Die Götter sollen nicht nur die zahlreichen Inseln Japans erschaffen haben, sie verfügen darüber hinaus über besondere Talente. Einige sind für erfolgreiche Prüfungen zuständig, andere sorgen für Verkehrssicherheit oder Familienglück. Um die lässt es sich ganz konkret bitten. Damit der Segen des Gottes weit reicht, hängt der Fahranfänger sich ein Amulett seines Schreins an den Rückspiegel und die sparsame Hausfrau steckt sich einen Talisman vom Gott des Wohlstands in die Geldbörse. An vielen Schreinen hängen Votivtafeln mit Wünschen um ein gutes Abitur oder eine sichere Auslandsreise, unterschrieben mit Name, Wohnort und Datum. Die Götter müssen schließlich wissen, wohin ihr Segen gehen soll. Im Gegenzug dafür verlangen sie Opfergaben. Genügt daheim im kleinen Hausschrein ein Schälchen Sake, sollte es hier schon Bargeld sein. Kein Kleingeld? Macht nichts, mancherorts steht ein Wechselautomat bereit. Dort hängt auch eine Preisliste, wie viel das Segnen des neuen Autos kostet (25 Euro) oder die Beschwichtigung der Erdgötter beim Hausbau (80 Euro).

Das hört sich alles sehr geschäftstüchtig an? Kein Wunder, ist die Trennlinie zwischen Mensch und Gottheit doch eher fließend. Götter benehmen sich menschlich und Menschen werden durch besondere Verdienste zu Göttern. Wie zum Beispiel Kaiser Meiji durch seine Taten rund um die Modernisierung Japans. Götter geraten in Zorn, sind eifersüchtig und leiden unter Armut. Eine Zeitlang schauten meine Kinder begeistert eine Zeichentrickserie über die Bewohner eines verlassenen Schreins. Wenn es dunkel wurde, beschwerten die Fuchsgötter sich über den jämmerlichen Zustand der Anlage. Die kleine Gottheit, die hier ihr Zuhause hatte, wurde von ihrer Gemeinde so vernachlässigt, dass sie billige Teebeutel verwenden musste, die sie nach dem Aufbrühen immer wieder zum Trocknen aufhängte. Es fehlte einfach an Opfergaben, dem zentralen Kommunikationsmittel zwischen Himmel und Erde.

Ein bedeutsames Stück Alltag ist sicherlich vom Shinto geprägt: die Badekultur Japans. Für viele Japaner ist dies wohl der schönste Teil des Tages: ein ausgiebiges Bad in heißem sauberen Wasser, nachdem der gesamte Körper von jeglichem Schmutz befreit wurde. Ein Bad wäscht nicht nur den Dreck von der Haut, es befreit den ganzen Menschen vom Trubel des Tages. Darauf legen Japaner sehr viel wert. Ist die Wohnung noch so klein, das Bad wird eine technisch einwandfreie Ausstattung mit automatischer Heiz- und Filtertechnik haben. Eine Dusche macht zwar sauber aber nicht rein, mehrere Tage „ohne" ist eine richtige Qual für Japaner. Diese Obsession, über die sich schon die alten Chinesen wunderten, trägt religiöse Züge. Im Shintoismus steht das Konzept der Reinheit im Mittelpunkt. Spricht das Christentum von Sünde, steht hier die Unreinheit mit dem Bösen auf einer Stufe. Das muss unter allen Umständen vermieden werden. Beim Schrein befindet sich daher immer eine Wasserstelle, um sich rituell zu reinigen, bevor die Götter angerufen werden. Salz spricht man die gleiche Kraft wie Wasser zu: Vor Beginn eines Sumo-Kampfes reinigen die Kämpfer die Arena mit einer Handvoll Salz, vor der Tür eines Sushi-Restaurants stehen kleine Schälchen mit Salz; Salz befreit das Sterbezimmer von der Unreinheit des Todes. Frauen, unreine Geschöpfe durch Monatsblutung und Geburten, durften bis ins 19. Jahrhundert so manchen heiligen Bezirk erst gar nicht betreten. Menschen, deren Beruf mit dem Tod in Verbindung stand, wurden bis in die Moderne von der

Gesellschaft als „Nicht-Menschen" ausgegrenzt und galten als Freiwild ohne jegliche Rechte. Denen half dann leider auch nicht mehr das tägliche Bad.

Anders als Buddhastatuen oder Heiligenfiguren bleiben die shintoistischen Götter den Menschen meist verborgen, die Tore der inneren Schreine sind stets verschlossen. Doch einmal im Jahr wird die Gottheit unter Anleitung des Priesters aus ihrem Schrein herausgeholt, im Stockdunkeln in eine Art Göttersänfte, dem *Mikoshi*, umgesetzt und durch die Gemeinde getragen. Das ist immer Anlass zu einem großen Fest, dem Matsuri. Mit viel Tanz und Musik begleiten die Menschen ihre Gottheit durch die Straßen und schütteln die Sänfte dabei ordentlich durch, um sich der Aufmerksamkeit der Götter sicher zu sein.
Einer der Organisatoren vom Sanja-Matsuri in Tokyos Stadtviertel Asakusa ist Herr Toda, ein jovialer Mann Anfang vierzig. Bei vielen Schalen Reiswein erzählt er von seinem Lieblingsthema: Matsuri, Schreinfestival. „Unser Sanja-Festival ist das größte Schreinfestival in ganz Japan. Aber wir feiern ja nur drei Tage im Mai. An den anderen Wochenenden fahre ich dann zu den Festen der Umgebung. Ich liebe einfach diese Stimmung!"
Bambusflöten und Trommeln geben bei allen Schreinfestivals den Rhythmus vor, sei es nun bei den kleineren Dorfparaden, wo es mehr Teilnehmer als Zuschauer gibt, oder bei den Publikumsmagneten wie dem Sanja-Festival mit weit über eine Millionen Zuschauer. Nachwuchsschwierigkeiten gibt es keine. In den Musikgruppen laufen hier und da Jugendliche mit wild gefärbten Haaren, gepiercte Mädchen tanzen hinter älteren Damen. „Die Seniorinnen sind einfach schrittsicherer, daher stellen wir sie immer nach vorne."

Herr Toda trug schon als kleiner Junge den Kinder-Mikoshi, eine Art Minisänfte der Götter, durch die Straßen. Damals gab es dafür noch schulfrei, heute fällt das Festival auf ein langes Frühlingswochenende. „Sonst können wir das verkehrstechnisch nicht bewältigen. Wir brauchen schließlich auch die Polizei der Nachbarbezirke." Wird so viel geklaut? „Nein, wir haben da eher ein Problem mit den Yakuza", nuschelt Herr Toda in seinen Reiswein. „Wenn die zuviel getrunken haben, steigen sie immer oben auf die Umzugswagen. Dort präsentieren sie dann halb Tokyo ihre tätowierten Oberkörper."
Einige der *Kumi*, der Yakuza-Gruppen, unterhalten in Schreinnähe ihre Büros, Herr Toda möchte direkten Ärger in seinem Bezirk vermeiden. „Im letzten Jahr haben wir mal schärfer durchgegriffen und ortsfremde Polizei angefordert. Die haben die Jungs dann einfach runtergeholt und mitgenommen." Er kratzt sich am Kopf. „Das macht ja auch keinen guten Eindruck, wenn wir sie so auf der Stelle verhaften. Das schürt nur Aggressionen. Also wollen wir uns diesmal vorab einigen. Hoffentlich funktioniert das auch", seufzt Herr Toda.
Ob nun Firmenangestellter oder Mafiosi, das Raufklettern auf die Wagen selbst sei das Problem, denn das beschmutze den *Kami*, die Gottheit, die dort durch die Gegend gerollt wird. Und das kann das Festivalkomitee nicht akzeptieren. Gewöhnlich ist dieser Teil den Syndikatbossen völlig einleuchtend. Stehen sie doch selbst dem Shintoismus sehr nah. Ginge es nach ihnen, würde in Japan der Kaiser die Regierungsgewalt zurückerhalten. Er würde in seiner Person wieder Staat und Religion miteinander verbinden, ganz so, wie es bis zur bedingungslosen Kapitulation 1945 gewesen war. Damals musste man an Schreinen für das Wohlergehen von Kaiser und

Nation beten, egal ob man ein waschechter Japaner oder unterdrückter Koreaner war. Danach rufen sie heute wieder, und das unüberhörbar laut. Lautsprecher plärren von grauen Bussen Marschmusik und nationalistische Parolen. Und das natürlich besonders gern in Gegenden, wo ihnen Zustimmung sicher ist. So zum Beispiel vor dem Yasukuni-Schrein unweit des Kaiserpalastes.

Besuchergruppen mit vorwiegend älteren Teilnehmern, rückengebeugte Omchen und magere alte Männer in viel zu weiten Anzügen, laufen rüstig unter den riesigen Bronze-*Torii*[2] auf das Hauptgebäude des einst kaiserlichen Schreins zu. Am Schrein angekommen, beäugt mich ein Sicherheitsmann misstrauisch. Ich darf nur von Weitem fotografieren, die Opis aber dürfen sogar hineingehen! Wahrscheinlich sind sie Teilnehmer eines Veteranentreffens, denn im Yasukuni-Schrein werden sämtliche für Japan Gefallene seit 1879 bis 1945 als Gottheiten verehrt. Den Gefallenen späterer Jahre ist ein Seitengebäude gewidmet. Ungeachtet, ob Christ, Koreaner oder Taiwanese, die Namen der Toten stehen hier auf Listen und im Museum nebenan auf großen Wandpanelen. Immer wieder haben Koreaner versucht, die Namen ihrer Angehörigen streichen zu lassen, aber das wird bislang kategorisch abgelehnt. Einmal Gottheit, immer Gottheit, heißt es lapidar. Wer nicht zur Gottheit erhoben wurde, erhielt hier immerhin ein Denkmal. Auf dem Gelände verteilt stehen neben den Schreingebäuden zahlreiche Monumente, die zu Ehren der Gefallenen errichtet wurden. Darunter befindet sich

---

2 *Torii* nennt man das Einganstor eines Schreingeländes. Gewöhnlich ist es aus Zedernholz gebaut und rot lakkiert. Materialien wie Porzellan oder Metall sind eher selten.

nicht nur eins für Kamikazepiloten, die weiterhin schlechthin der Inbegriff religiös verbrämter japanischer Tapferkeit sind, sondern auch jeweils ein Denkmal für Pferde, Hunde und sogar Tauben.

Kommt seit 1945 auch keine Kaiser mehr zu Besuch, finden sich andere Berühmtheiten regelmäßig ein. Jedes Jahr im Frühjahr geben sich hier die Sumo-Stars die Ehre, im hinteren Eck des Schreingeländes befindet sich ein *Dohyo*, ein Kampfring. Eine weitere Attraktion sind die wiederholten Besuche der japanischen Premierminister. Sie kommen nicht unbedingt am 15. August, Japans Gedenktag zur Niederlage des Zweiten Weltkriegs, wohl aber in den Wochen davor oder danach. Außenpolitisch sorgt das regelmäßig für Unmut, doch der heimische rechte Wählerflügel muss befriedigt werden. So ganz hat sich der Shintoismus also noch nicht von seinen politischen Verwicklungen befreit.

Für das gewöhnliche Volk spielt der ideologisch überfrachtete Shintoismus kaum eine Rolle. Ihm gilt er eher als Leitfaden durch das Jahr und das war ehemals bäuerlich geprägt. So dreht sich im Shintoismus Vieles um Reis, dem zentralen Lebensmittel. Sogar der Tenno bestellt weiterhin mit seinen eigenen Händen ein kleines Reisfeld. Heilige Bezirke werden mit Seilen aus Reisstroh abgeriegelt, Streifen aus Reispapier markieren den Wohnbereich einer Gottheit. Reiswein wird dem Schrein gespendet, das Neujahr begrüßt man mit mehreren Schlucken Sake. Allein damit besiegelte man früher übrigens Eheschließungen. Das Neujahrsfest, das bedeutendste Fest des Jahres, steht ganz unter dem Stern der Naturreligion. Es beginnt alles mit dem Großreinemachen, das neue Jahr soll „rein" begrüßt werden. Haus, Hof und Auto müssen blitzen vor Sauberkeit, alle Schulden sollten beglichen sein. Um Mitternacht geht es dann zum Schrein, um die Göttern das erste Mal im Jahr zu grüßen. Damit man auch gehört wird, darf die Schelle am Tor ordentlich geläutet werden. Doch zuerst wartet die Menge still auf das Läuten der Neujahrsglocken. Und die steht auf dem Gelände nebenan bei den Buddhisten. Wenn der Wind den ersten der 108 Glockentöne herüberträgt, kommt Bewegung in die Menge vor dem Schrein. Es ist Neujahr, die Götter müssen begrüßt werden! Vor dem Heimweg kauft man noch einen Glückspfeil, den schoss man früher über das Dach, um das Böse abzuwehren, heute kommt er in die gute Stube. Noch ein letzter Becher warmer Reiswein, um die Glieder von der Kälte zu befreien, bevor es ins Bett geht. Am Neujahrstag gibt es nur Speisen mit Glück bringender Symbolkraft, viel Sake und vielleicht ein weiterer Ausflug zum Schrein. In den besten Kleidern natürlich, wenn möglich im Kimono. Dort kauft sich jedes Familienmitglied ein Horoskop und bindet es gleich an den nächsten Baum, um mögliches Pech gar nicht erst mit nach Hause zu nehmen. Spätestens in zwei Wochen kommen viele nochmals wieder. Dann veranstaltet der Schrein ein großes Feuer, um die Neujahrsdekoration zu verbrennen. Auf den Speicher packen und im nächsten Jahr nochmals verwenden? Das wäre ja schon benutzt und nicht mehr rein, das kann man den Göttern wirklich nicht zumuten. Alle Jahre etwas Neues kostet zwar Geld, aber wenn es um die Götter geht, ist Geiz keineswegs geil. Die obersten Gottheiten in den Schreinen von Ise und Izumo bekommen alle 20 Jahre ein nagelneues Heim geboten. Ihr alter Schrein wird abgerissen und an neuer Stelle wieder errichtet. Und was die Götter bekommen, kann für den Menschen nicht schlecht sein. Japans ausufernde Baubranche mit ihrer allzeit bereiten Abreißbirne steht auf einmal in einem ganz anderen Licht da: Weg mit dem schmutzigen Altbau, her mit dem reinen Neubau! Japans Städteplaner, allen voran die von Kyoto, sind also zutiefst religiös! Die Handvoll Ausländer, die das immer noch nicht durchschaut hat und unermüdlich weiter protestiert, muss einfach noch mal zurück in den Zen-Tempel. Sozusagen zurück auf Null, beim nächsten Mal klappt es dann ganz bestimmt mit der Erleuchtung.

Zarte Kolosse

„Hier liegen die Sumo-Ringer ja buchstäblich auf der Straße!" Ungläubig starre ich auf den jungen Mann im Lendenschurz, der nur wenige Hundert Meter vom Bahnhof Ryogoku entfernt mitten auf dem schroffen Asphalt sitzt und Dehnübungen macht. Seine spärlich bekleidete Körperfülle und seine ungewöhnliche Frisur, der klassische Haarknoten der Samurai, zeichnen ihn auf den ersten Blick als waschechten Sumo-Kämpfer aus. Meine Begleitung Mariko zuckt nur lässig mit den Schultern, als wollte sie sagen: Was hast du denn erwartet? Dieses Viertel ist das Zentrum der Sumo-Welt, hier wimmelt es geradezu von Ringern.

Rikishi, wie die Sumo-Ringer auf Japanisch genannt werden, sehe ich nicht zum ersten Mal. Jahre zuvor hatte ich Karten für ein Sommerturnier der Kolosse ergattert. Damals wimmelte die Sportarena von Sendai und der umliegende Park geradezu von gewaltigen Ringern. Sorgsam gekleidet und frisiert warteten sie auf ihre wenigen Minuten Kampfeinsatz. Sie scherzten und lachten mit ihren Fans und ließen sich geduldig fotografieren. Bei ihrem Einmarsch in die Halle zum erhöhten Ring hatten sie sich wieder in hochkonzentrierte und ernste Sportler verwandelt. Noch heute erinnere ich mich an ihren Duft: ein Gemisch aus Vanille und Kokosnuss, völlig unpassend zu ihrer imposanten Erscheinung.

Hier aber in Tokyos altem Viertel herrscht keine in Vanille getauchte Festtagsstimmung, dies ist der Alltag der jungen Ringer. Und der bedeutet vor allem eins: trainieren, trainieren, trainieren. „Drinnen im Übungsraum wird wohl kein Platz mehr gewesen sein", meint Mariko, „also haben sie den

Jüngsten kurzerhand rausgeschickt." Dem jungen
Mann, der zwischen Verkehr und Abfallsäcken seine Übungen macht, fehlt noch so ganz die Würde und Gelassenheit eines erfahrenen Kämpfers.
Er wirkt an diesem Morgen schon recht erschöpft.
Sein sorgsam geöltes Haar ist arg zerzaust, trotz
der kühlen Luft dieses Frühlingstages rinnen ihm
Schweißperlen über das Gesicht. Mit dem Rücken
zur Straße kümmern ihn weder vorbeibrausende
Kleinlaster noch die Horde Schulkinder, die zum
Bus eilt. Stoisch wiederholt er seine Übungen, zu
die ihm wohl sein „Vater", der Meister seines *Heya*[1],
an diesem Morgen verdonnert hat.

Durch die geöffneten Fenster der nahen Übungshal-
le dringen das Stampfen nackter Füße und das Rufen des Meisters. Ryogoku ist seit der Edo-Zeit der
Nabel der japanischen Sumo-Welt. Treffen wir an-
derswo am Vormittag Hausfrauen und Rentner beim
Einkauf, sausen hier junge Rikishi auf Fahrrädern
über den Bürgersteig oder drängeln sich gemeinsam mit gewöhnlichen Angestellten am Tresen von
McDonald's. So sahen früher also die Japaner aus,
schießt es mir durch den Kopf, als ich einem jungen
Rikishi dabei zusehe, wie er umständlich sein Rad
abstellt und in einem Heya verschwindet. Ich muss
mich zwingen, ihm nicht hinterher zu starren.
„Ich lebe nun schon so lange Zeit in Japan", sage ich
zu Mariko, „und trotzdem überrascht mich euer
Land immer wieder aufs Neue. An jeder Ecke stehen
Maschinen, immerzu blinkt und piept irgendetwas.

---

1 *Heya* oder auch *Sumo-Beya* bezeichnet die Trainings-
   gruppe unter einem aus dem aktiven Sportleben aus-
   getretenen hochrangigen Sumo-Kämpfers. Korrekte
   Übersetzung: Zimmer/Raum oder auch Stall, wie bei
   der Pferdezucht.

Ohne Strom läuft hier doch praktisch gar nichts mehr. Und dann komme ich nach Ryogoku und hier schlurfen und klappern die Schwergewichtler wie vor Hunderten von Jahren in Baumwollkimono und hochgestecktem Zopf unbekümmert durch die Gassen. Mariko, sag mir mal ehrlich", wende ich mich an meine Freundin, „ist das nun Filmkulisse oder Realität?"
Mariko lächelt nur und ich bin an diesem sonnigen Frühlingsmorgen wirklich entzückt von Japan.

Sumo ist nicht einfach nur eine besondere Kategorie von Ringkampf. Sumo ist Japans heilige Kuh der Sportwelt. Nur rund 800 Aktive üben das Ringen professionell aus, doch viele Oberschulen verfügen über eine Sumo-AG. Obwohl diese einzigartige Form des Ringens heute ausdrücklich als moderner Kampfsport gelistet ist, sind seine Rituale weit über eintausend Jahre alt. Schon in den ältesten japanischen Schriften aus dem achten Jahrhundert finden sich Beschreibungen von Sumo zu Ehren shintoistischer Götter. Seine Wurzeln sind wahrscheinlich noch älter, denn schon im Altertum trug man in Korea, China und auch in der Mongolei ganz ähnliche Kämpfe aus. Professionell wird der Sport heute allein in Japan betrieben, Amateurligen finden sich jedoch weltweit. Da spielen auch Frauen kräftig mit, Weltmeisterin bei den Amateuren ist übrigens derzeit eine Deutsche. Nur in Japan selbst tut man sich mit den weiblichen Ringern schwer. Das haben die Japanerinnen ihrer Religion, dem Shintoismus, zu verdanken. Ihm gelten generell alle Frauen als unrein. Und somit ist auch der sakrale Übungsplatz aus Sand, der wie andere Heiligtümer des Shintoismus durch ein Reisstrohseil begrenzt ist, für Frauen ein Tabu. Um den Kampfplatz rituell zu reinigen,

werden einen Tag vor Eröffnung eines Turniers im
Zentrum des Rings den Schutzgötter des Sumos von
Shinto-Priestern und Vertretern der Sumo-Vereinigung Sake, Reis und Salz geopfert. Immerhin dürfen
seit Ende des 19. Jahrhunderts Frauen unter den Zuschauern sein. Nur in Zeiten extremen Männerman-
gels wie nach dem Zweiten Weltkrieg traten Sonder-
regeln in Kraft und erlaubten Frauen für kurze Zeit
den Zutritt zum heiligen Ring. Generell gilt, dass
man die Götter mit derart unreinen Wesen nicht unterhalten kann. Menschen hingegen schon: Im späten Mittelalter galten Sumo-Kämpfe zwischen zwei
Frauen oder einer Frau und einem Mann als höchst
erotisch und waren entsprechend beliebt. Bis ein
Shogun den unmoralischen Straßenshows ein Ende
bereitete, und fortan nur noch offiziell gemeldete
Sumo-Ringer Kämpfe austragen durften. Besonders
erfolgreiche Rikishi wurden von Fürsten und Adel
gesponsert, nicht umsonst gilt die Edo-Zeit als das
Goldene Zeitalter des Sumo.

Golden sind die Zeiten der Sumo-Kämpfer heute immer noch, wenn sie zu den obersten Rängen der Liga
gehören. Der Jahresverdienst eines *Yokozuna*, dem
höchsten Rang in der Sumo-Welt, liegt bei 30 Millionen Yen (250 000 Euro), üppige Preisgelder kommen natürlich noch hinzu. Nicht zu vergessen die
„kleinen" Aufmerksamkeiten der Sponsoren und
andere Einkommensquellen, wie zum Beispiel Werbung. Doch nur die oberen zwei Klassen der Profis
erhalten ein Gehalt, alle anderen Ringer der unteren
vier Klassen bekommen ein kleines Taschengeld.
Die Rangordnung spiegelt sich auch in der Kleidung
wieder: Die unteren beiden Klassen dürfen außer einem schlichten Baumwollkimono und *Geta*, Holz-
sandalen, auch an kältesten Wintertagen nichts wei-

ter überziehen. Erst ab dem dritten Rang ist eine
wärmende Jacke erlaubt. Im vierten Rang, dem *Ma-
kushita*, „unter dem Vorhang", sind die Kämpfe am
härtesten. Es gilt, in den fünften Rang und damit
in die Profiliga mit allen Annehmlichkeiten wie einem properen Einkommen und seidenen Kimonos
zu kommen. Wie bei der Bundesliga treffen hier gefallene Alt-Stars auf hungrige Aufsteiger, manche
reden auch vom Zusammenstoß zwischen Himmel
und Hölle.

Der junge Mann, der mir nach einigem Hin und
Her auf dem Sitzkissen im Empfangszimmer des
Heyas gegenüberkniet, hat es noch nicht geschafft.
Matsuhara Shinya ist 20 Jahre alt. Noch ist der Platz
„hinter dem Vorhang", wie die Topliga der beiden
obersten Sumo-Klassen genannt wird, für ihn uner-
reichbar wie der Himmel über Tokyo.
„Ich bin direkt nach der Mittelschule aus Saitama
hier nach Tokyo zum Minato-Beya gekommen. Das
war vor fünf Jahren", erzählt der junge Mann. „Ich
war schon drei Jahre Mitglied unserer Sumo-AG. Ein
Talentscout hat mich gesehen und meinen Vater gefragt, ob ich gerne ein Profiringer werden möchte."
Der *Oyakata*, der Trainer, besuchte daraufhin Shinyas
Eltern und bat förmlich um die Erlaubnis, Shinya in
seinen Haushalt aufnehmen zu dürfen. „Meine Eltern waren damals so aufgeregt, dass sie gar nicht
viel gesagt haben", erinnert sich Shinya. Ein Oyakata ist weit mehr als nur Trainer und Betreuer. Er gilt
als Gottvater seiner Schützlinge, sein Wort ist fortan
Gesetz. Und das in allen Bereichen. Hat der junge Rikishi erst einmal die Welt des Sumo durch die Tür
seines Heya betreten, sind die Grenzen zwischen
Privatleben und Training fließend, alles geschieht
von nun an gemeinsam unter einem Dach. „Ich durf-

te gleich auf der zweiten Stufe einsteigen", berichtet er stolz. „Ich war ja kein blutiger Anfänger mehr!"
Mittlerweile ist Shinya schon auf der dritten Stufe der Sumo-Hierarchie angelangt und erhält ein monatliches Taschengeld von rund 450 Euro. „Anfangs war es hart ohne meine Familie. Ich musste so früh aufstehen und hatte kaum Zeit zum Verschnaufen." Shinya macht eine Pause und fügt dann ruhig hinzu: „Heute habe ich es leichter und muss nicht mehr als Erster den Übungsraum fegen. Das machen nun die Jüngeren und ich kann noch ein wenig länger schlafen." Endlich lächelt Shinya. Sein Oyakata hat uns allein gelassen und Shinya kann sich ein wenig entspannen. Auch seine Kumpel, die eben noch feixend im Türrahmen standen, sind verschwunden. Sie müssen in die Küche, Shinya ist ausnahmsweise vom Dienst am Kochtopf entbunden. Locker erzählt er vom Alltag eines Rikishi. „Morgens um sieben beginnt das Training in unserem *Dohyo*, dem hauseigenen Trainingsareal. Das endet meist nach drei Stunden. Manchmal besuchen wir andere Heya, damit wir Erfahrungen mit unbekannten Gegnern sammeln können. Danach geht's erst einmal ins Bad und dann ans Einkaufen und Kochen fürs Mittagessen." Shinya rutscht etwas unruhig auf seinem Sitzkissen, ihn plagt wohl schon der Hunger nach dem langen Morgen. Frühstück fällt hier grundsätzlich aus, also ist der Appetit entsprechend groß. Und wachsen sollen die Buben doch auch noch! „Nach dem üppigen Mittagsmahl schlafen wir ungefähr zwei Stunden, das sorgt auch für Pfunde." Er schlägt sich lachend auf seinen Bauch. Der ist noch nicht so gewaltig wie bei einigen der älteren Kämpfer. Es gibt natürlich die klassisch dicken Rikishi mit sehr starkem Übergewicht, wie den Hawaiianer Konishiki mit 285 Kilogramm, doch bei den Jungen überwiegen noch die Muskeln.

Sie wirken mächtig, aber nicht fett. Unter ihnen gibt es die kleineren Kämpfer mit einer Mindestgröße von etwas über 170 Zentimetern und wahre Zwei-Meter-Riesen. Ich bin überrascht, dass ein mageres Jüngelchen ebenfalls eifrig zwischen all den Wohlgenährten trainiert, auch wenn er nicht kämpft, sondern seine Schubkraft allein an einer Holzsäule übt.

Neulinge haben es sehr schwer, die Jüngsten müssen am Nachmittag sämtliche Zimmer putzen und die älteren Mitglieder des Hauses versorgen. Sie begleiten sie bei Einkäufen oder Wettkämpfen und stehen ihnen grundsätzlich rund um die Uhr zur Verfügung. Dieses fest umrissene *Kohai-Sempai*-Prinzip[2] durchzieht gewöhnlich all jene Bereiche in Japan, in denen regelmäßig Jüngere nachrücken. Dies gilt also für Schule, Ausbildung, Arbeit und auch für Vereine. Die enge Bindung an erfahrene Schüler, die den Neulingen eigentlich den Einstieg in das System erleichtern sollen, wird allzu oft ausgenutzt. Körpermisshandlung und Mobbing sind die traurigen Folgen. Das Quälen von Anfängern war lange ein in Japan erschreckend weit verbreitetes Phänomen und wurde gerade in den traditionellen Sportarten von den Opfern und ihren Familien als unausweichlich hingenommen. Die grobe Behandlung sollte die Jungen fürs Leben abhärten. Mit ein wenig Geduld, so hoffte man gemeinhin, überstand man die elende Anfangsphase rasch und der vormals Gequälte wechselte erleichtert auf die Seite der Quälenden. Ein Teufelskreis, der allzu lange ohne große Proteste als Standardprozedur auf dem Weg zum Erwachsenenwerden hingenommen wurde. Als jedoch ein

---

2 Junior-Senior-System: Der Ältere verfügt über den Jüngeren und sollte im Gegenzug für ihn verantwortlich sein.

17-Jähriger 2007 gemeinschaftlich in einem Heya tot geprügelt wurde, ließ die Familie des Opfers die Vertuschung der Umstände nicht mehr zu. Auch die Sumo Association griff erstmals hart durch, schloss die betroffenen Personen radikal von ihrer Liga aus. Was meint Shinya dazu? Seine Miene verschließt sich und er tut so, als er ob er meine Frage nicht versteht. Als Außenstehende im doppelten Sinn, als Frau und Ausländerin, habe ich ganz schlechte Karten, seine ehrliche Meinung zu erfahren.

Nach dem gemeinsamen Abendessen beginnt der schönste Teil des Tages: Shinya geht mit den älteren Kämpfern gerne noch auf ein nahrhaftes Glas Bier, die Jüngeren bleiben daheim. „Seit meinem zwanzigsten Geburtstag darf ich mit auf Kneipentour." Shinyas Augen leuchten. „Manchmal kommt der Oyakata auch mit, das ist okay. Wir reden dann ganz anders, als wenn wir daheim sind. Er ist dann viel lockerer. Aber so richtig Spaß macht es, wenn wir allein losziehen!" Ich frage ihn, ob er eine Freundin habe. Er druckst herum und verfärbt sich zartrosa. Die jungen Rikishi haben es recht leicht, die Herzen der Mädels zu erobern. Die Älteren trifft man mit Freundin beim Abendspaziergang und am Wochenende in den Freizeitparks. Das ist erlaubt, während Selbstverständlichkeiten wie Autofahren von der Sumo-Vereinigung strikt verboten werden. Wie in vielen japanischen Studentenwohnheimen gibt es auch im Hause Minato für alle Sumo-Kämpfer ein *Mongen*, ein Ausgehverbot nach 22 Uhr. Daheim wartet noch ein Mitternachtssnack und dann ist der Tag für Shinya und seine Mitbewohner beendet.
Shinya lebt mit sieben weiteren Rikishi gemeinsam im Haus seines Trainers. Die Jüngeren teilen sich ein Zimmer, die älteren Ringer genießen Privilegien

wie ein eigenes Zimmer und die Befreiung von Hau-
haltspflichten. Ihr Haar tragen sie alle ungeschnitten
und sorgsam geölt im mittelalterlichen Samurai-Stil,
der nur ihnen nach Abschaffung der Kriegerklasse
gestattet ist. Beenden Shinya und seine Kollegen in
ferner Zukunft ihr Dasein als professionelle Ringer,
wird ihnen das Haar in einer emotional bewegenden
Zeremonie abgeschnitten. Damit werden sie wieder
zum Durchschnitt. Den erfolgreichen Ringern erwartet anschließend eine Karriere als Ausbilder eigener Kämpfer, er wird mit der Eröffnung eines eigenen Heya zum Oyakata. Die minder Erfolgreichen
eröffnen gerne Restaurants oder arbeiten bei ehemaligen Kollegen. Sumo-Ringer gelten als gute Kö-
che, besonders *Chanko-Nabe*, ein nahrhafter Eintopf
aus Gemüse, Fleisch und Tofu ist eine Spezialität der
kräftigen Männer.

Doch noch ist es nicht soweit, noch tragen Shinya
und seine Kollegen ausschließlich traditionelle japanische Kleidung und Schuhwerk. Die höheren
Ränge entwickeln dabei eine Vorliebe für zarte Pas-
telltöne. Überhaupt fällt mir eine ungewöhnliche
Sanftheit bei den Kolossen auf. Sie sprechen alle sehr
leise und sind sehr schüchtern. Nur die Stimme des
Oyakata dröhnt nebenan durch den Übungsraum,
sein Ton ist alles andere als sanft. Ich frage Shinya,
ob der Oyakata ihnen denn auch Unterricht in Theorie gibt. Erstaunt blickt er mich an: „Wir schau-
en den Älteren beim Kampf zu und versuchen so,
ihre Techniken zu verstehen. Im Training gibt der
Oyakata uns natürlich Anweisungen, aber viel Worte werden nicht gemacht."
Learning by doing, das ist eine Quintessenz sämtlicher traditioneller Sportarten in Japan. Im Judo
fliegt der Anfänger so oft auf die Matte, bis er schnel-

ler als sein Gegner ist. Im Kendo, dem Kampf mit dem Bambusschwert, hagelt es solange Schläge auf Kopf und Oberkörper, bis der Unerfahrene die Bewegungen des Anderen korrekt interpretiert und blitzschnell parieren kann. Der Körper soll die Techniken durch eigene Erfahrung verinnerlichen, nur dann können Körper und Geist im Handeln eins werden. Das gilt nicht nur beim Sport, sondern auch für die schönen Künste wie Kalligrafie, Teezeremonie oder die Kochkunst. Die Liste ließe sich endlos fortsetzen. Diese Art von Unterricht erschwert vor allem Ausländern den Aufstieg in die Profiliga sämtlicher japanischer Künste, einschließlich Sumo. Umso erstaunlicher ist der starke Anstieg von Nicht-Japanern beim Sumo. Gegenwärtig kämpfen über 30 Mongolen in Japan als Profiringer, in ihrer Heimat kämpften diese Männer im traditionell mongolischen Ringstil und wechselten erst in Japan zum Sumo, und das sehr oft schon im zarten Teenageralter. Mehr als ein Dutzend Osteuropäer beteiligen sich ebenfalls am Gerangel um die Spitze. So wurde der Bulgare Baruto 2009 in den zweihöchsten Rang eines *Ozeki* erhoben. Der sehr große und immer lächelnde Bulgare ist wegen seiner zurückhaltenden freundlichen Art immens populär. Auch die Spitze wird von Ausländern beherrscht. Gegenwärtig trägt einzig der Mongole Hakuhō den höchsten Titel eines Yokozuna. Bis zum Februar 2010 gab es noch zwei Yokozuna. Hakuhōs Landsmann Asashōryū erhielt schon 2003 den begehrtesten Titel der Sumo-Welt. Beide Kämpfer stammen aus einer Familie erfolgreicher mongolischer Ringer.

Hakuhō kam im Jahr 2000 als 15-Jähriger nach Japan und ist heute mit einer Japanerin verheiratet. Obwohl er nicht die japanische Staatsbürgerschaft angenommen hat, akzeptieren die Japaner ihn als einen würdigen Yokozuna. Das konnte man von seinem Kollegen Asashōryū leider nicht behaupten. Der hatte zwar einen ähnlichen Werdegang hinter sich, machte aber immer wieder durch größere und kleinere Skandale auf sich aufmerksam. Unschuldige Dinge wie das Hochreißen der Arme in Siegermanier nach einem gewonnenen Match gehörten ebenso dazu wie fruchtloses Diskutieren mit den Kampfrichtern. Schwerer wogen hingegen die Absage eines Turniers wegen Verletzung, um dann klammheimlich in seiner Heimat Mongolei an einem Benefiz-Fußballspiel teilnehmen zu können. Als Yokozuna zog er einen Gegner im Ring an den Haaren und wurde auf der Stelle disqualifiziert, ein bislang einzigartiger Vorfall. Anfang 2010 brachte Asashōryū dann das Fass zum Überlaufen, als er in einer Bar in eine Schlägerei verwickelt wurde und dem Kellner die Nase brach. Ein Eklat mit der Sumo-Vereinigung wurde nur durch seinen freiwilligen Rücktritt verhindert. Eine Erlösung für den jungen Mongolen, der so ungern Kimono trug und immer wieder im Anzug erwischt wurde?

Die Geschichte nicht-japanischer Sumo-Ringer geht bis in die Sechzigerjahre zurück. Doch erst 1999 schaffte es der Hawaiianer Akebono, den Titel eines Yokozunas zu erringen. Tatsächlich sind nicht alle Japaner über die ausländischen Kämpfer glücklich. Sumo ist in den Augen vieler Japaner halt nicht nur irgendein Sport, Sumo ist Teil der japanischen Kultur und sollte daher den Japanern vorbehalten bleiben, meinen zumindest viele der älteren Fans. Die Sumo-Liga weiß hingegen die medialen Qualitäten der Ausländer zu schätzen. Dank der exotischen Gesichter steht Sumo wieder im Scheinwerferlicht der Medien, das schlägt sich auch im Ticketverkauf nieder. Nach dem Rücktritt von Asashōryū, dem Enfant terrible des Sandrings, sackten die Zahlen zwar etwas nach unten. Doch Hoffnung naht in der Gestalt des jungen Bulgaren Baruto. Frisch zum Rang eines Ozeki ernannt, macht er sich schon daran, eine ernsthafte Konkurrenz für den Mongolen Hakuhō zu werden. Die japanischen Fans betrachten ausländische Ringer gerne als Salz in der Suppe des Sumo. Doch sollen sie, bitte schön, nicht ausschließlich unter sich die Titelmeisterschaften austragen. Die „weiße Flut" geht mittlerweile auch der Liga zu weit. Und so gibt es ab 2010 mal wieder neue Regeln: Fortan darf pro Heya nur noch ein Ausländer trainiert werden. Reduzierte man den Anteil bislang mit der unbürokratischen Verleihung der japanischen Staatsbürgerschaft, ist dieses Schlupfloch mittlerweile auch gestopft: Japaner mit Pass, aber ohne authentische Wurzeln zählen fortan wieder als Ausländer. Immerhin betrifft das nur neue „Importe", die schon im System etablierten Kämpfer dürfen weiter um die Titel schubsen, rempeln oder einfach ausweichen und den Gegner so aus dem Ring stürzen lassen.

Sechsmal im Jahr stoßen die Riesen offiziell aufeinander, acht Tage wird dann gekämpft, und das gilt für alle Rikishi, ob nun unterster Rang oder erhabener Yokozuna. Dann flattern um das *Kokugikan*, die Turnierhalle in Ryogoku, wieder die Fahnen mit den Namen der Sumo-Kämpfer, und die Autogrammjäger lauern am Hintereingang. Auch Shinya ist regelmäßig dabei, auch sein Kampf wird im Fernsehen übertragen. „Noch kämpfe ich am frühen Nachmittag. Leider schauen dann nur wenige Leute zu. Richtig interessant wird es für die Leute erst in der letzten Stunde, wenn die Besten in den Ring steigen. Da will ich auch mal sein!"

Alle zwei Monate erhalten Shinya und seine jungen Kollegen die Gelegenheit, ihr Können unter Beweis zu stellen, jedes Turnier ist eine Chance zum Aufstieg. Das macht den Sport für die unzähligen unsportlichen Couch-Potatoes Japans so populär. Sie wollen das Geschehen nicht nur allabendlich am Bildschirm verfolgen, sondern auch schwarz auf weiß analysiert haben. Nicht umsonst gibt es in Japan die weltweit größte Sporttageszeitung mit einer Auflage von über zwei Millionen Exemplaren. Die *Tokyo Sports*, von ihren Fans kurz *ToSuPo* genannt, erscheint abends und liefert so als Erste die Ergebnisse des Tages. Sumo hat eine eigene feste Sparte im Blatt, wie übrigens auch Pferderennen und sogar Pachinko, das japanische Flippern. Ansonsten lebt das Blatt von etwas fragwürdigen Nachrichten wie dem Besuch von Außerirdischen oder dem neuesten Tratsch über Stars und Sternchen.

Shinya hat es auf einmal eilig, der Duft vom Mittagessen weht durchs Haus. Elegant erhebt er sich vom Kissen und begleitet uns zur Tür. Auch mein Magen knurrt. „Komm, gehen wir zu McDonald's", schlage ich Mariko draußen vor, „ein letztes Mal Rikishi anschauen!", und wir fangen beide an zu kichern.

Darf's ein bisschen länger sein?

„Morgen fahren wir nach Yokohama und ich habe noch kein Hotel gebucht." Seufzend sitze ich meiner Freundin Emi gegenüber. Ich liebe die traditionellen Gasthäuser Japans, die Ryokans, mit ihren großzügigen Badeanlagen und den üppigen Abendessen an niedrigen Tischen. Die Standardhotels der Großstädte langweilen mich. Sie sind mir zu praktisch und unpersönlich, als dass ich dafür mit Freuden mein Erspartes opferte. Ryokans gibt es jedoch nur auf dem Land, für den Wochenendtrip nach Chinatown wird es wohl ein gewöhnliches Businesshotel werden.

„Ich weiß was Besseres", meint Emi munter. „Sucht euch doch für die Nacht ein Love Hotel. Die stehen direkt am Bahnhof, du brauchst nichts reservieren und interessant wird das allemal!" Ich schaue sie etwas gekränkt an. Mit meinem eigenen Mann steige ich doch nicht im Stundenhotel ab! „Komm schon, das ist nichts Besonderes. Das machen Steve und ich auch manchmal. Du wirst dich wundern, wie viele Leute kurz vor Mitternacht in der Lobby sitzen und auf ein freies Zimmer für die Nacht warten."

Der entfesselte Baustil der Love Hotels mit Freiheitsstatuen oder einem Segelschiff auf dem Dach sind in Japan fester Bestandteil jeder architektonischen Städtelandschaft. Geradezu marktschreierisch locken Stundenhotels mit zweideutigen Namen wie Hotel Seeds, Hotel Carrot oder gar Santa's Hotel die Liebeshungrigen für ein gewöhnlich zweistündiges Schäferstündchen. Verlängerung im 30-Minutentakt ist möglich, ein Aufenthalt mit besonderem Nachtpreis beginnt meist gegen 23 Uhr und endet erst am späten Vormittag. Das wird gerne von Reisenden mit knappem Budget und Abenteuerlust genutzt.

Beim Abschied hat Emi mich so weit, und ich verspreche ihr, über meinen puritanischen Schatten zu springen und ganz praktisch diesen Teil des japanischen Alltags zu erforschen.

Unnötig zu erwähnen, dass mein Mann Emis Vorschlag ausgesprochen interessant findet. Japanische Stundenhotels sind keine verschwiegenen Seitensprungzimmer, sie sind fantastisch ausgestattete Spielplätze für Erwachsene. Tatsächlich muss man blind sein, um die herausgeputzten Hotels in Bahnhofsnähe zu übersehen. Im grellen Tageslicht verlieren sie etwas an Reiz, doch am Abend sind die verdeckten Eingänge hübsch erleuchtet, große Tafeln informieren über Zimmerpreise. Emi hat uns angewiesen, in aller Ruhe von Hotellobby zu Hotellobby zu laufen und das Angebot genau zu inspizieren. Das ist mir anfangs etwas unangenehm, doch bald merke ich, dass auch andere Paare von einem Love Hotel zum nächsten spazieren, um kritisch Preise und Ausstattung zu vergleichen. Wir landen schließlich in einem Hotel, das sich auf Zimmer im traditionellen Stil mit Tatami und Wasserfall spezialisiert hat, wie sollte es auch anders sein!

Um es gleich vorweg zu nehmen: In einem japanischen Love Hotel gibt es so viel zu entdecken, dass man kaum zu dem eigentlichen Zweck des Besuchs kommt. Alles ist hier eine Nummer größer als gewohnt. Das Bett ist breiter und die Decke manchmal noch verspiegelt. Bunte Lichter und leise Hintergrundmusik sorgen auch mitten am Tag für Abendstimmung, ein riesiger Fernseher bietet Gott weiß was für Filme und im Kleiderschrank hängen Schwesternuniform und Schulmädchenkleidung. Und dann erst das Badezimmer! Ein Whirlpool mit

Lichteffekten ist beinahe schon Standard, gleich daneben die großzügige Duschkabine mit Haltegriffen. Erlesene Seifen und Shampoos, Cremes und Gels reihen sich entlang dem Waschbecken, flauschige Handtücher und Bademäntel warten angewärmt auf nackte Körper. Über der tiefen Badewanne klebt der Hinweis, beim Wasserspiegel bitte die Körpergröße des Partners zu beachten. Neugierig öffne ich Schubladen und hoffe auf weitere Überraschungen.

Im geschäftstüchtigen Osaka müssen die Liebenden sich besonders ranhalten, denn schon nach 60 Minuten geht es dort in die teure Verlängerung. Für den Großteil der Kunden scheint dies kein Problem. Sie sind miteinander verheiratet und möchten nur für ein Weilchen der Enge der eigenen Wohnung entfliehen. Junge Paare leben auch nach der Hochzeit oft noch bei den Eltern. Die Häuser sind extrem hellhörig und oftmals will nicht die rechte Stimmung aufkommen, wenn nebenan der Schwiegervater mit der Zeitung raschelt. Haben die Eheleute dann selbst Kinder und einen eigenen Haushalt, schlafen sie meist alle zusammen im Wohnzimmer. Den Luxus eines eigenen Schlafzimmers kann sich eine Durchschnittsfamilie in den japanischen Großstädten nicht leisten, Wohnraum ist einfach zu teuer. Wie der Besuch eines guten Restaurants gehört daher der gelegentliche Abstecher in ein Love Hotel für viele Paare zu einem gelungenen Wochenende. Beides befriedigt Körper und Seele, bevor am Montagmorgen wieder der Alltag beginnt und man kaum dazu kommt, ein Wort miteinander zu wechseln. Love Hotel und heimischer Futon sind wie das Yin und Yang einer guten japanischen Ehe.

Auch wenn es meist die eigene Frau ist, mit der „Mann" im Love Hotel absteigt, möchte er nicht unbedingt gesehen werden. Emotionen und Gelüste sind eben Privatsache, auch innerhalb der Familie. Diskretion ist daher oberstes Gebot im Stundenhotel, Kontakte zwischen Personal und Hotelgast beschränken sich auf das allernotwendigste Minimum. Love Hotels weit draußen auf dem Land verfügen immer über einen abgeschirmten Parkplatz im Innenhof. Die Einfahrt ist ähnlich einer Autowaschstraße mit Streifen verhängt. Ganz vorsichtige Kunden decken zusätzlich mit kleinen Täfelchen ihr Nummernschild ab. Sehr praktisch für den Fall, dass man ausnahmsweise anderer Leute Ehepartner dabeihaben sollte. Fürs Erste vor neugierigen Blicken geschützt, geht es nun weiter zur Rezeption. Dort befindet sich die „Speisekarte" des Hauses: Auf einer großen Fotowand leuchten die freien Zimmer auf. Jetzt heißt es nur noch wählen und Knopf drücken. Den Schlüssel oder die Chipkarte bekommt das Paar entweder bei einem kleinen Schalter, wo nur die Hände des Angestellten sichtbar sind, oder alles ist automatisiert und eine Maschine spuckt den gewünschten Türöffner aus. Gezahlt wird später im Zimmer am Automaten. Erst dann öffnet sich mancherorts die Tür. Das funktioniert natürlich auch mit Bargeld, man denke an die Kontoauszüge!

Die meisten Love Hotels, Boutique Hotels, Fashion Hotels oder wie auch immer die gerade aktuelle Bezeichnung der Stundenhotels lautet, verlangen für zwei Stunden Aufenthalt um die 5 000 Yen (ca. 40 Euro), die Übernachtung ab frühestens 23 Uhr kostet das Doppelte, ein günstiger Preis für Japan. Entsprechend füllen sich die Eingangshallen der Love Hotels kurz vor Mitternacht in der Feriensaison, wenn junge Reisende billige Unterkünfte suchen und ungeduldig darauf warten, dass die Zimmer frei werden. Ist ein Zimmer geräumt, haben die Reinigungskräfte genau fünf Minuten Zeit, alles wieder perfekt herzurichten. Großzügig kommt dabei die Chemiekeule zum Einsatz, ein schwacher Duft von Chlor bleibt immer zurück. Hinter den Kulissen der Love Hotels arbeiten fast nur ausländische Kräfte, für ihre Arbeit müssen sie kein Wort Japanisch sprechen. Dem Management ist diese Sprachlosigkeit nur recht, so konzentrieren sich die Jobber ganz auf ihre Arbeit und vertrödeln keine Zeit mit Quatschen. Trotzdem müssen wir uns in der Hotellobby in Yokohama gedulden, das von uns ausgewählte Zimmer ist in die Verlängerung gegangen. In der Halle steht ein Snackautomat, Getränke gehen hier als Service immerhin auf Kosten des Hauses. Ich nutze die Zeit und schiele vorsichtig nach den anderen Reisenden. Keiner spricht, alle starren mit räumlichem Abstand zum Sitznachbarn vor sich hin. Wer gehört zu wem? Die pummelige Frau spricht weder mit ihrem Nachbarn zur Linken noch zur Rechten. Wartet sie auf einen unbekannten Dritten? Die angespannte Stille erinnert mich an das Wartezimmer meines Zahnarztes. So müde können die doch nicht sein, das sind doch alles junge Pärchen! Ich bin froh, dieser merkwürdigen Atmosphäre zu entkommen, als unser Zimmer wieder als frei aufleuchtet. Meinem Mann fiel das Schweigen übrigens gar nicht auf. Durch eisernes gegenseitiges Ignorieren bewahrt man in dieser etwas peinlichen Situation schlichtweg Haltung, meint er nüchtern.

Ganz nach Emis Anweisung haben wir uns ein etwas teureres Hotel ausgesucht. Von der gemäßigten Preisklasse sind westliche Ausländer oft enttäuscht, der Großteil der Zimmer sieht wie das heimische Schlafzimmer aus und wirkt einfach nur nett und bequem. Änderungen im Gesetz zwangen die Love Hotels außerhalb der Rotlichtbezirke schon vor einigen Jahren dazu, ihr Dekor schlichter und im Rahmen üblicher Hotelausstattungen zu halten, wenn sie nicht unter besondere Gesetzesvorlagen fallen wollten. So konzentrieren sich viele Etablissements anstelle rotierender Betten und Spiegeldecken auf eine üppige Badelandschaft, mit der sie besonders bei der weiblichen Kundschaft punkten. Es sind fast immer die Frauen, die das Hotel wählen und beurteilen, ob sich ein zweiter Besuch lohnt oder eben nicht – Werbung für die Hotels findet sich eher in Modezeitschriften als in einschlägigen Herrenmagazinen. Die Hotels wetteifern mit kleinen Aufmerksamkeiten, wie kostenloser Eiscreme, einem Hello-Kitty-Wecker zum Mitnehmen und anderen niedlichen Dreingaben, um die Damen an sich zu binden. In der Luxusklasse sind überdimensionale Fernseher und digitales Karaoke eine Selbstverständlichkeit, sogar eine Playstation ist inzwischen ein absolutes Muss. Müssen Japaner die Dame ihres Herzens erst ansingen, um sie rumzukriegen? Oder gar das oberste Level als Gamer erreichen? Sollten japanische Balzriten so anders sein? Manche Hotels bieten Ausstattungen wie aus dem Fitnesscenter mit Hometrainer und Sonnenbank. Nicht zu vergessen eine Polaroidkamera, um die „unvergesslichen Momente" auch festzuhalten können. Einzelne erlauben via Bildschirm einen Blick in Nachbarzimmer, andere bieten Partyräume für größere Gruppen. Frauen haben kein Problem, allein oder zu zweit einzuchecken. Männer haben es da nicht so leicht, ohne weibliche Begleitung oder gar mit einem weiteren Mann an ihrer Seite werden sie fast überall abgelehnt oder horrend zur Kasse gebeten.

Zwei Millionen Japaner besuchen täglich ein Love Hotel, da lässt sich trotz wirtschaftlich wackeliger

Zeiten noch gut Geld verdienen. Und so investieren die großen Hotelketten in immer bizarrere Liebesnester und überziehen das Land mit zumeist scheußlichen Bauwerken ohne Fenster. Dabei behalten sie stets die goldene Regel der Standortwahl im Auge: Ein erfolgreiches Love Hotel liegt in der Nähe eines Bahnhofs, einer Autobahnausfahrt oder eines beliebten Ausflugsziels. Tatsächlich stehen die umsatzstärksten Love Hotels in Japan in der Nähe des berühmten Takarazuka-Theaters bei Kobe. Individuell betriebene Love Hotels haben es dagegen wesentlich schwerer, ohne risikoreiche Investitionen mit dem Trend der Zeit zu gehen. Kostenlose Erdnüsse allein helfen nicht, um angestaubte Einrichtungen und schlichte Bäder auszugleichen. Um die Zimmer zum Beispiel exotischer auszustatten, fehlen jedoch oft die finanziellen Mittel. In einem Viertel in Tokyo haben sich deswegen neun unabhängige Love Hotels zusammengeschlossen und bieten gemeinsame Events an. Begrüßt der Kunde in einem Hotel das Hündchen des Besitzers besonders liebevoll, gibt es einen Preisnachlass. Doch den Gästen steht meist nicht der Sinn nach Familienanschluss mit putzigem Hund. Sie wollen Abwechslung und die Art Luxus, die sie sich daheim auf Dauer nicht leisten können. Immerhin ist der Partner (fast) immer der Gleiche, da muss der Reiz des Neuen wenigstens im Ambiente liegen. Auch die Paare, die hier auf professioneller Ebene Abwechslung und Zweisamkeit suchen, möchten dies in einer besonderen Traumwelt tun und sich nicht in Muttis gewöhnlicher Bettwäsche wiederfinden. Die klassische Prostitution, seit 1956 offiziell in Japan verboten, benutzt die Hotels natürlich auch für ihr Gewerbe. Prostitution an sich war und ist in Japan kein großes Thema. Schon im japanischen Mittelalter vermieteten die berühmten Teehäuser (Chaya oder Chashitsu) ihre Hinterzimmer an professionelle Prostituierte wie auch an tatsächlich verliebte Kundschaft für ein wenig verschwiegene Zweisamkeit. Die Literaten jener Zeit, allen voran Chikamatsu Monzaemon (1653–1725), der auch als der Shakespeare Japans bekannt ist, wählten die Teehäuser gerne als Schauplatz ihrer Dramen. So umgab die Chashitsu lange Zeit ein besonderer Hauch von Romantik. Um diese Etablissements entwickelten sich später die großen Vergnügungsviertel. Von ihnen ist leider nichts mehr erhalten, die eng aneinandergereihten Holzhäuser fielen den wiederholten Großbränden der Neuzeit zum Opfer.

Nach dem zweiten Weltkrieg setzte mit der Besetzung Japans und der miserablen Wirtschaftslage die Prostitution verstärkt wieder ein. Die amerikanischen GIs verlangten nach „Geisha Girls", und so putzten sich die japanischen Huren in möglichst grellen Kimonos heraus. Was wussten die Ausländer schon vom Unterschied zwischen einer kultivierten Geisha und einer gewöhnlichen Straßenprostituierten? Dabei bedeutet der Name Geisha „Person der Künste", Prostituierte hingegen „verkaufen ihren Frühling". Bis heute hat sich das Missverständnis gehalten, dass Geisha Edelprostituierte seien. Wahre Geishas verkaufen ihren Körper jedoch nicht gegen Geld. Sie verschenken ihre Gunst, wenn überhaupt!, nur an auserwählte Herren. In einem Love Hotel wird man die beiden übrigens nie antreffen. So billig kommt der jeweilige Patron dann doch nicht davon. Ein gesellschaftliches Problem ist hingegen die Prostitution von minderjährigen Mittel- und Oberschülerinnen, die damit ihr Taschengeld aufbessern. *Enjo Kosai* bedeutet ungefähr „gegen Unterstützung Gesellschaft leisten" und bezeichnet damit Gelegenheitsprostitution von Teenagern. Enjo Kosai breitete sich mit dem Platzen der Wirtschaftsblase Ende der Achtzigerjahre besonders rasch in den Großstädten aus. Trotz finanzieller Einbußen im Elternhaus kamen einige Schülerinnen schnell dahinter, wie sie ihren teuren Hobbys, sprich Einkaufstouren, weiterhin frönen können. Wenn am Nachmittag eigentlich Klavierunterricht und Nachhilfe anstehen, gehen sie lieber mit einem zahlenden Herrn in den besten Jahren auf eine schnelle Nummer ins Love Hotel. Seitdem befriedigt eine relativ hohe Zahl japanischer Teenager, die Dunkelziffer liegt bei sage und schreibe zehn Prozent, genau die sexuellen Fantasien, die Schulmädchen in Japan schon lange zum Objekt männlicher Begierden machen. Das Gesetz muss dabei niemand wirklich fürchten, denn trotz der verschärften Gesetzeslage gibt es noch genügend Schlupflöcher. Die Kontakte entstehen übers Handy oder öffentliche Telefonzellen; sogenannte Telephone Clubs und einschlägige Internetseiten bringen Kunde und Mädchen zusammen. Seit 2003 ist Minderjährigen der Zugang zu den Vermittlungsseiten verwehrt, doch in der Praxis schert das kaum jemanden. Symbol des geldgierigen und verruchten Teenagers in den japanischen Medien ist das sogenannte *Kogyaru*. Kogyaru bedeutet übersetzt kleines Mädchen, doch gemeint ist der Teenager mit Lolita-Touch. Die Kogyaru sind ein Trend der Neunzigerjahre, der sich in das neue Millennium herübergerettet hat. Die Mädchen mit den Plateau-Absätzen in schwindelerregender Höhe, Minirock, blondierten Haaren, mit sehr dunklem Teint und extrem dick aufgetragenem Make-up zeichnet eine besondere Vorliebe für Designerklamotten aus. Natürlich ist nicht jede braungebrannte und blondierte Japanerin unter 20 eine Gelegenheitsprostituierte, doch das Image haftet ihnen unwiderruflich an. Die Öffentlichkeit sieht in ihnen die Wurzel allen Übels und übersieht dabei, dass mittlerweile jede Schule Mädchen mit einschlägigen Erfahrungen aufweist. Jugendliche anderer Länder prostituieren sich, weil sie Not leiden, in Japan dient Enjo Kosai ausschließlich zum Aufbessern des Taschengelds. „Die Rechnung meines Handys war so hoch", „Die anderen machen das doch auch", sind die gängigen Erklärungen, wenn man die Mädchen nach ihren Gründen fragt. Den Kunden kostet ein Besuch im Love Hotel mit einer Schülerin zwischen 200 und 350 Euro, zuzüglich der Hotelrechnung. Das ist leicht verdientes Geld für die Mädchen, übliche Schülerjobs können da nicht mithalten. Gefahren befürchten die wenigsten.

„Klar weiß ich, dass nicht alle Männer nur nett sind", meint die 15-jährige Mariko. „Aber das sind dann *Yakuza*, und mit denen gehe ich nicht mit. Ich gehe mit den Männern auch immer zuerst etwas essen und wir unterhalten uns. Wenn der Typ mir nicht gefällt oder irgendwie komisch ist, tue ich einfach so, als ob ich zur Toilette gehe und verschwinde dann klammheimlich!", lacht sie und schaut ganz unschuldig.

Tatsächlich ist wenig über Verbindungen in die japanische Unterwelt bekannt. Die Mädchen arbeiten fast immer alleine, sind nicht im Rotlichtbezirk involviert, kein Zuhälter steht hinter ihnen. Die Polizei greift selten ein, um Razzien im Love Hotel muss sich niemand sorgen. Umgekehrt taucht immer mal wieder ein Kunde bei der Polizei auf und klagt, wie er von einem Mädchen betrogen und ausgeplündert worden sei. So richtig ernst nimmt hier niemand die Jugendprostitution. In Akademikerkreisen wird Enjo Kosai teilweise sogar als Einführungsritual in die kapitalistische Erwachsenenwelt Japans gewertet. Da braucht man sich also nicht zu wundern, wenn das Geschäft unbehelligt boomt und das natürlich auch dank der Diskretion der Love-Hotel-Betreiber. Ob Koyama Tatsuo, der Gründer des ersten Stundenhotels Japans, mit diesen Auswüchsen rechnete, als er 1954 sein kleines Hotel in Tokyos ehemaligen Arbeiterviertel Shinjuku in ein Stundenhotel umwandelte? Er stellte damals fest, dass seine Gäste zwar für den ganzen Tag bezahlten, aber meist schon nach ein oder zwei Stunden wieder gingen. 1966 eröffnete er sein erstes richtiges Stundenhotel, gegenwärtig besitzt Koyama landesweit über einhundert Häuser. Der Name Love Hotel kam übrigens erst später auf. 1967 eröffnete das „Hotel Love" in Osaka seine Pforten. Auf dem Dach kreiste der Name und konnte so auch als „Love Hotel" gelesen werden. Das verlieh später der gesamten Branche ihren Namen, auch wenn die Bezeichnung immer mal wieder durch trendige Pseudonyme wie Pink Health ersetzt wird.

Doch egal wie der Name lautet, in erster Linie sollen die Zimmer einfach Spaß machen, schnell und umkompliziert zu erreichen sein und obendrein Exklusivität ausstrahlen. Japaner sind bekanntlich Weltmeister im Kurzzeit-Relaxen und lassen sich das gerne etwas kosten. Was braucht man mehrere Wochen Sommerurlaub, wenn es auch sieben Tage tun, was braucht man ein ganzes Wochenende, um Schwung in die Ehe zu bekommen, wenn man das auch in zwei Stunden schafft? Das reicht dem modernen Großstadtbewohner an Entspannung und zur Beziehungspflege allemal. Ich aber finde den Aktionsmarathon auf Dauer ganz schön anstrengend. Die nächste Reise, schwöre ich mir, geht wieder zu einem Ryokan mitten im ereignislosen Nirgendwo. Emi und ihr Mann kommen aus Neugierde mit. Sie waren schon lange nicht mehr dort, wo nichts passiert.

Süßer die Schellen nie rasseln

Weihnachten feiern in Japan! Anfang November beginnen die Geschäfte mit dem Dekorieren der Auslagen, in den Alleen erstrahlen die Bäume in ungewohntem Lichterglanz. Tanzende Weihnachtsmänner in den Shopping Malls und kulleräugige Rentiere in den Vorgärten der Neubausiedlungen. Ich liebe diese Zeit und genieße den Kitsch in vollen Zügen. Lange schon habe ich nicht mehr so prächtig geschmückte Bäume gesehen, wie sie hier in den Kaufhäusern stehen. Freunde holten schon vor Wochen ihre kleinen Plastikbäumchen aus dem Schrank. Im Wohnzimmer blinken sie nun mit dem Fernseher um die Wette und warten auf die Heilige Nacht. Die wird in so mancher Familie kurzerhand auf den 23. Dezember vorverlegt, denn dann ist Kaisers Geburtstag und die Väter bleiben daheim. Weihnachten ist kein japanischer Feiertag, und so kurz vor dem geschäftigen Jahresende herrscht gewöhnlich Urlaubssperre. Also feiern Familien mit kleinen Kindern, die sich mit Santa und Kalendertagen noch nicht so gut auskennen, häufig ein wenig früher. Alle anderen, wenn überhaupt, gönnen sich am 24. Dezember einen schönen Abend. Dazu lädt man sich Freunde ein und macht eine *home party*, bei der die Gäste auch schon mal ein Gericht mitbringen dürfen. Das gilt als besonders weltoffen und ist immer noch recht ungewöhnlich für eine Gesellschaft, die Freunde lieber ins Restaurant einlädt, als sie daheim in den eigenen vier Wänden zu bewirten. Sachkundige Anleitungen erhalten Party-Novizen von den Dezemberausgaben der Mode- und Kochzeitschriften. Angefangen von der passenden Anzahl der Gäste, der Einladung und der Tischdekoration ist bis zu den Speisen der Gesamtablauf des

Abends akkurat aufgelistet. Grundsätzlich muss alles in Rot, Grün und Weiß gehalten sein, dabei darf es ruhig ein wenig greller als gewohnt zugehen und das gute Porzellan bleibt im Schrank. Es soll nicht festlich, sondern fröhlich sein. Panierte Hühnerschenkel fehlen dabei ebenso wenig wie die obligatorische Weihnachtstorte mit perfekt geformten Erdbeeren und ganz viel Schlagsahne. Dieser *Kurisumasu Keki* (vom englischen *christmas cake*) ist der Höhepunkt jeder noch so kleinen Weihnachtsparty. Praktischerweise fällt der Einkauf den Männern auf dem Heimweg von der Arbeit zu. Steht Vater mit der Torte in der Tür, ist also endlich Weihnachten. Zum Essen stoßen alle an, die Kleinen bekommen extra Kinderwein. Wenn der Nachwuchs das Fest der Feste verschlafen soll, sollte man sie nicht am Nachschenken hindern. Wir haben es ausprobiert, es funktioniert. Erst kichern sie über jeden Unsinn und dann sinken ihre kleinen Köpfe aufs Tischtuch. Auf Lockrufe wie „Der Weihnachtsmann war noch nicht da!" antworteten sie mit einem leisen Seufzen und seligem Lächeln. Unsere Kinder hatten einen Rausch, vom rosaroten angeblich harmlos alkoholfreien „Bubble Kiddy Wine". Ihre Geschenke bekamen sie entgegen heimatlicher Tradition am nächsten Morgen in aller Herrgottsfrühe. Da hätten wir Erwachsene gerne noch geschlafen ...

Ist man Single und kinderlos, geht an Heiligabend so richtig die Post ab. Aber bitte nur zu zweit, denn der 24. Dezember gilt als der romantischste Abend des gesamten Jahres. Wer für diesen Tag kein ernsthaftes Date mit kostspieligem Restaurantbesuch und Übernachtung im Hotel hat, ist sozial mausetot. Da verkriecht man sich lieber und schützt Überstunden vor, die am Ende des Jahres tatsächlich immer genug anfallen. Den Eltern einen Gefallen zu tun und Heiligabend mit ihnen zu verbringen, geht auch nicht.

Die ältere Generation kümmert sich nicht sonderlich um diesen Tag. Es sei denn, es leben Enkelkinder mit im Haus. Die bekommen zum Abschluss des Tages noch ein kleines Geschenk und dann herrscht wieder Alltagsstimmung. War da noch was mit Jesu Geburt, Familie und Kirchgang? Eigentlich nicht, abgesehen von der kleinen Schar japanischer Christen. Alle anderen amüsieren sich für ein paar Stunden und ganz wie bei Aschenputtel ist Schlag Mitternacht alles Weihnachtliche vorbei.

Über Nacht entledigt sich ganz Japan von glitzernden Girlanden, goldenen Glocken und bunten Lichterketten. Am 25. Dezember liegen die Passagen nur kurz schmucklos da, um wenig später von fleißigen Händen mit japanischem Neujahrschmuck dekoriert zu werden. Wo eben noch Santas Hütte samt Zwergenhelfer stand, rahmen nun sogenannte *Kadomatsu*, Gestecke aus Bambus, Stroh und Pinienzweigen, die Eingänge zu Geschäften und Bürogebäuden ein. Nun heißt es, noch mal so richtig ranklotzen, denn in den verbleibenden Tagen des alten Jahres müssen Projekte abgeschlossen und Bilanzen erstellt werden. Daheim wie auch in der Firma bereitet man sich mit einem Großputz auf das wichtigste Fest des Jahres vor: *O-shogatsu*, das Neujahrsfest, ist nah.
Bevor die Unternehmen gewöhnlich am 29. Dezember ihren Angestellten eine Woche Urlaub gönnen, muss das noch ordentlich gefeiert werden. *Bonenkai*, die Jahres-Vergessensfeier der Unternehmen, ähnlich unserer Weihnachtsfeier, ist neben dem Picknick unter blühenden Bäumen im Frühling das wohl wichtigste soziale Event des Jahres, und niemand kann sich dem entziehen. Es ist die letzte große Gelegenheit im alten Jahr, Unstimmigkeiten unter Kollegen oder mit dem Chef mit Hilfe von ganz viel Alko-

hol wegzuspülen und den Blick frei und unbelastet aufs neue Jahr zu richten. Geht man mit den Kollegen rund ums Jahr immer wieder einen trinken, ist *Bonenkai* gewöhnlich eine Klasse exklusiver und feierlicher, zumindest am Anfang. Sind gegen Ende sämtliche Hemmungen gefallen, binden sich die rotgesichtigen Männer in Samuraimanier ihre Krawatten um den Kopf und sprechen auf einmal fließend Englisch. Bis zum ersten Arbeitstag im neuen Jahr sind dann glücklicherweise sämtliche Fauxpas des Abends schon wieder vergessen.

Während der ersten Ferientage laufen daheim die Vorbereitungen für das Fest der Feste auf Hochtouren. Es gilt, die Neujahrspost fertig zu machen; sämtliche Verwandte und noch so flüchtige Bekannte sollen zum 1. Januar einen Gruß erhalten. Populär sind Karten mit einem Familienfoto oder der Bekanntgabe von Hochzeit oder neuem Erdenbürger. Feste Zierde jeder Karte ist das Tierzeichen des kommenden Jahres[1], anders als im chinesischen Kulturkreis wird den Zeichen selbst allerdings keine größere Beachtung mehr geschenkt. Auch wir haben die Grußkarten immer drucken lassen, eigenes Design ist toll, doch die Zeitersparnis war noch besser. Außerdem fungieren die Gekauften gleichzeitig als Los der großen Neujahrslotterie, und das ist natürlich immer eine feine Sache. Um das persönliche Grußwort in bester Pinselschrift brachte mich das allerdings auch nicht, so verlangt es die japanische Etikette schließlich schon von den Fünfjährigen. Sogar die schreiben schon allen Kumpels ihrer Kindergartengruppe. Ist der gleiche Spruch immer wieder in Schönschrift vermerkt, kommen zum

---

1 In Japan folgt man der chinesischen Astrologie mit den zwölf Tierzeichen Ratte, Büffel, Tiger, Hase, Drache, Schlange, Pferd, Ziege, Affe, Hahn, Hund und Schwein. 2011 ist zum Beispiel das Jahr des Hasen.

Schluss ganz klein in roter Tinte gleich neben die Briefmarke die Schriftzeichen für „Neujahrpost" und dann geht der Stapel ab in den besonderen Neujahrspost-Briefkasten. Das Prozedere sollte ein paar Tage vor Silvester geschehen, doch für die Nachzügler ist auch gesorgt: Bis zum Mittag vom Silvestertag stehen neben den Briefkästen der Hauptpostämter Helfer bereit, die dem Fahrer durchs Autofenster die Neujahrspost abnehmen. Das ist meist ein ordentlicher Packen, hundert Karten pro Familie sind nicht ungewöhnlich. Einzig Familien, die während des vergangenen Jahres einen Trauerfall zu beklagen hatten, klinken sich aus dem Spiel mit einer rechtzeitigen Mitteilung aus, um keine fröhlichen Grüße schreiben und entgegennehmen zu müssen. Für Personen, denen man verpflichtet ist, wie etwa dem Chef oder einem behandelnden Arzt, genügt ein Kärtchen natürlich nicht. Sie bekommen ein handfestes Geschenk wie etwa delikates Rindfleisch oder ein Sortiment Handtücher. Jeder Supermarkt oder jedes Kaufhaus übernimmt den Versand. Es genügt das Ankreuzen im Sonderkatalog und das Ausfüllen der Paketscheine und der Handel übernimmt den Rest. Als Studenten wurden wir mit Salatöl und Waschpulververpackungen in Präsentkörben von den ehrenamtlichen Betreuerinnen der Fakultät geradezu überschüttet. Das gute Fleisch aber haben sie immer selbst gegessen.

Ist das Kartenschreiben und der Hausputz erledigt, sind Türeingang, Hausschrein und auch das Auto mit Glück bringender Dekoration versorgt, kocht die Hausfrau noch die letzten Leckereien für die kommenden Tage. Früher ruhte während der Feiertage sämtliche Arbeit. Es galt also, in großen Mengen vorzukochen. Heute bestellt man ohne zu zögern Spezialitäten und fügt einige traditionelle Familienrezepte hinzu. Der Mann vom Lieferservice, der beinahe unsere gesamten Lebensmittel brachte, empfahl mir eine zeitige Bestellung. „Ich muss die Order Anfang Dezember haben, dann kommt noch alles pünktlich an." Er verteilte wunderschöne Kataloge mit Festtagsessen in allen Preislagen. An seinem LKW traf sich einmal die Woche die Nachbarschaft, um die Waren entgegenzunehmen. In großen Styroporkisten kühlten Eispackungen Milchprodukte, Fleisch und Gemüse. So halten es beinahe alle japanischen Familien, denn der wöchentliche Bringservice kostet nur knapp zwei Euro und auch die Warenpreise entsprechen derer günstiger Supermärkte. Im Treppenhaus sortierten wir dann die Bestellungen und hatten immer Muße, über die Vor- und Nachteile der Saisonangebote zu diskutieren.

Da westliches Essen zu Neujahr als absoluter Stilbruch gilt, tauchen neben der klassischen japanischen Küche als Alternative verstärkt chinesische Gerichte auf. Doch das Interesse meiner Nachbarn blieb gering. „Wir brauchen nichts für die Feiertage, wir sind nicht da." Letztendlich blieb nur ich mit meinem Bestellzettel für die Feiertage übrig und der Fahrer lächelte mich ein wenig mitleidig an. „Arme Ausländer", dachte er wohl, „fern der Heimat müsst ihr ganz allein Neujahr verbringen." Dabei hatten wir eigentlich die größte Heimwehgefahr – Weihnachten im Schnelldurchlauf ohne deutsche Festtagsstimmung – schon hinter uns gebracht! Sicherlich, in Deutschland vermissen viele Leute das Flair deutscher Weihnacht überhaupt nicht. Wenn man aber so richtig weit weg ist, ist alles anders. Allein der Duft von Lebkuchen treibt einem dann Tränen in die Augen. Trotzdem freute ich mich auf Neujahr, denn *O-shogatsu* ist ein wenig wie Weihnachten, ohne Tannenbaum aber mit ganz viel Gefühl.

Ähnlich wie am deutschen Heiligabend kehrt in Japan am Silvesternachmittag Ruhe ein. Der Verkehr wird immer spärlicher und die letzten Geschäfte lassen ihre Rollos runter. Es wird endlich einmal still in Japan.

Die Kinder sind heimgekehrt zu den Eltern. Lassen sie auch das ganze Jahr kaum etwas von sich hören, an Silvester stehen sie brav auf der Matte. Oma und Opa sind da, die verwitwete Tante auch. Man lümmelt gemeinsam vor dem Fernseher herum, schaut wie jedes Jahr den opulenten Sängerwettstreit auf dem staatlichen Fernsehsender NHK, isst *Toshikoshi-Soba*, Buchweizennudeln, die im neuen Jahr für Wohlstand sorgen sollen, und bricht kurz vor Mitternacht zum Schreinbesuch auf. Dicht an dicht drängen die Menschen sich zwischen den bunten Buden auf dem Weg zum Hauptgebäude, es herrscht eine feierliche Stille. Auch als die Glocken des nahen Tempels das neue Jahr verkünden, jubelt niemand oder lässt gar Korken knallen. Wir hatten zuvor kräftig mit Freunden, logischerweise allesamt Ausländer, daheim gefeiert. Nun standen wir umringt von leisen Japanern und trauten uns nicht, unsere Sektflasche hervorzuholen. Als die Glocken zu läuten begannen, fielen wir uns in gewohnter Manier um den Hals und riefen laut: „Happy New Year!". Manche Wartende um uns stimmten fröhlich mit ein, andere guckten nur konsterniert. Wir kümmerten uns nicht allzu sehr darum und ließen uns von der Menge nach vorne schieben. Die Götter wollten sicherlich auch unsere Neujahrsgrüße hören!

Um sich im Himmel Gehör zu verschaffen, muss der Betende erst einmal die großen Schellen vor dem Hauptschrein rasseln. Nach dem Gebet noch zweimal in die Hände geklatscht, noch schnell eine Münze in den Opferstock geworfen und schon drängt der Hintermann. Bevor es anschließend heimgeht, wärmt ein Becher milchig-süßiger *Amazake* die kalten Finger und sorgt für die nötige Bettschwere.

Sake wird in den nächsten Tagen reichlich fließen. Das geht gewöhnlich gleich nach dem üppigen Neujahrsfrühstück los, bei dem es Leckereien wie Fischrogen und süße Bohnen gibt. Dazu gibt es eine leichte Brühe mit Klößen aus *Mochi*, klebrigen Reiskuchen. Mochi gab es früher nur für die Götter. Heute sind sie fixer Bestandteil des festlichen Speiseplans und das hat leider seinen Preis. Jedes Jahr ersticken rund ein Dutzend Japaner an den klebrigen Klößen, besonders für die ganz Alten und die ganz Jungen birgt die „Götterspeise" ein hohes Risiko, denn sie können sie nicht richtig kauen. Der berühmt-berüchtigte Kugelfisch *Fugu* hat übrigens längst nicht so viele Menschen auf dem Gewissen. Aber das nur am Rande, an Neujahr soll man feiern und keinen negativen Gedanken nachhängen, geschweige denn, sie aussprechen. Das bringt fürs neue Jahr nur Unglück. Hat man das Frühstück also munter überstanden, kommen delikate, rot lackierte Schalen auf den Tisch. Es wird aufs neue Jahr angestoßen und auf die Neujahrspost gewartet. Besuch sollte erst am zweiten Feiertag eintreffen, am 1. Januar bleibt man in der Familie. Kinder haben jedoch gar nichts gegen reichlich Besuch. Bekommen sie doch von jedem Gast kleine Geldumschläge (*Toshidama*, Geldschatz) überreicht. Früher musste das fürs ganze Jahr als Taschengeld reichen, heute gibt es neben Geld oftmals noch üppige Geschenke. Auch wir mussten unseren Professoren die Ehre erweisen. Erst wurden die offiziellen Neujahrswünsche ausgetauscht, sich proper verbeugt und entschuldigt für armselige Geschenke und dann gab es Suppe, Mochi und vor allem Sake. Die alten Herren verräucherten ihr Wohnzimmer und wurden immer betrunkener, amüsierten sich aber großartig. Nach spätestens zwei Stunden brachen wir wieder auf und weiter ging es zum nächsten Haus. Es hätte eine lustige Sache sein können, so von Familie zu Familie zu ziehen. Doch ich fand den Smalltalk mit den verehrten Lehrern und ihren Gattinnen immer extrem anstrengend, wir feierten schließlich schon seit zwei Tagen ununterbrochen. Als Frau hatte ich noch nicht mal die Möglichkeit, mich selbst unter den niedrigen Tisch zu trinken und musste mich brav mit süßem Apfelsaft aus der Dose begnügen.

Während der Neujahrsfeiertage geht es mit der festlich gekleideten Familie auch zum ersten Schreinbesuch im neuen Jahr. Bei diesem *Hatsumode* kauft sich jeder ein Horoskop und hofft auf ganz viel Glück. Sollte sich das Orakel als Niete herausstellen, knotet der Pechvogel den Zettel kurzerhand an den nächsten Baum und bindet das Unglück so an den heiligen Bezirk. Wer etwas ganz Spezielles im neuen Jahr plant, etwa Premierminister zu werden oder ein Haus zu bauen, kauft sich eine Daruma-Figur aus Pappmaché. Die arm- und beinlose Figur stellt den Zen-Mönch Bodhidharma dar. Der soll so lange vor einer Felswand meditiert haben, bis ihm sämtliche Gliedmaßen abfielen. Zuvor hatte er sich noch die Augenlider abgerissen, um nicht einzuschlafen. Diesem Gesellen malt man nun ein Auge und vertraut ihm das Ersehnte an. Geht der Wunsch in Erfüllung, bekommt Daruma ein zweites Auge und wird anschließend vom Schrein oder Tempel verbrannt. Das geschieht gewöhnlich am Abend vor dem „Kleinen Neujahrsfest" Mitte Januar. Das wird im nördlichen Sendai besonders groß mit dem sogenannten Dontosai-Festival am 14. Januar gefeiert. Aus der ganzen Stadt laufen Gruppen von halbnackten Männern und spärlich bekleideten Frauen sternförmig zum größten Schrein der Stadt, dem Osaki Hachimangu. Nach Neujahr wird es im Norden gewöhnlich richtig kalt, trotzdem herrscht nie ein Mangel an Teilnehmern. Seit 300 Jahren erhoffen sich die tapferen Läufer so Gesundheit und Götterschutz für das neue Jahr. Wir wohnten ganz in der Nähe des Schreins und kamen immer zum großen Feuer, an dem sich die Läufer im Lendenschurz nach dem Run durch die bitterkalte Winternacht wieder aufwärmten. Zuvor wurden sie vom Priester gesegnet und mit heißem Sake von innen gewärmt. In manchen Jahren laufen auch Ausländer mit, ich habe mich allerdings immer erfolgreich davor gedrückt.

Bis zum 5. Januar waren früher sämtliche Geschäfte Japans geschlossen. Erst dann setzte der Alltag langsam wieder ein. Heute rückt das Datum immer weiter nach vorne, manche Supermärkte öffnen gar schon wieder am Nachmittag des 1. Januars. Um die Kunden möglichst rasch wieder zum Shoppen zu bewegen, beginnt das neue Jahr mit einem großen Ausverkauf der etwas ungewöhnlichen Art. Waren werden nicht einfach günstiger angeboten, der Käufer muss sie „blind" erstehen. In besonderen Überraschungstüten oder besser „Glückstüten", *Fukubukuro*, stellen die Geschäfte zu einem bestimmten Preis Markenware in einer Kleidergröße zusammen. Eine Portion Glück gehört schon dazu, um wirklich etwas Tolles zu erhalten, ein Preis-Schnäppchen macht der Kunde jedoch immer. Nicht nur Kaufhäuser locken so die ersten Käufer, auch traditionelle Teegeschäfte und Juweliere werben mit Überraschungstüten, die schon mal mehrere Hundert Euro kosten können. Früher zahlten die Unternehmen zweimal im Jahr üppige Sondergehälter. Neben dem Sommerbonus kam die zweite Zahlung pünktlich zum Neujahrsfest, entsprechend locker saß die Brieftasche. Diese Zeiten sind mittlerweile vorbei und alles ist ein wenig schlichter geworden. Trotzdem ist *Hatsuuri*, der erste Verkauf im neuen Jahr, für viele Japaner ein wichtiger Neujahrsspaß. Ich muss gestehen, dass ich mich niemals in Hatsuuri gestürzt habe. Kleidung passt mir in Japan nur selten und für Schmuck habe ich nicht viel übrig. Trotzdem fand ich es nett, dass man in allen Geschäften in den ersten Tagen kleine Geschenke bekam. Das kannte ich von daheim nur vom China-Restaurant, das zu Neujahr immer Kalender verteilte.

Ein wenig Feiertagsstimmung herrscht auch noch am ersten Arbeitstag im Januar. Nicht nur an der Börse in Tokyo tragen die jungen Damen einen Kimono, das tun auch die Bankangestellten oder die Frauen im Rathaus. Der Chef hält am Morgen eine feierliche Rede und abends geht es gleich weiter zum *Shinnenkai*, zur Begrüßungsfeier des Neuen Jahres. Kommunikation wird hier halt groß und vor allem Alkohol geschwängert geschrieben. Japan ist tatsächlich das Land der „Nominikation" – *nomi* bedeutet trinken und damit kommuniziert man hier reichlich und liebend gern.

Nach den vielen Feiern kehrt erst einmal bis zum Frühjahr Ruhe ein. Wenn man mal vom Februar absieht. Früher vertrieb man am 2. Februar die bösen Geister des Winters. Das Oberhaupt des Hauses schmiss in die Zimmerecken geröstete Sojabohnen und rief dabei laut: „Oni wa soto, fuku wa uchi!" – raus mit den Teufeln, rein mit dem Glück! Heute noch überfallen rote und grüne Teufel Kindergärten und Grundschulen und erschrecken den Nachwuchs. Der schmeißt dann kreischend Sojabohnen auf die gruseligen Eindringlinge. Mir wurde immer ein wenig mulmig, wenn die bis zur Unkenntlichkeit geschminkten Gestalten mit einem Horn (!) auf dem Kopf auf die Kinder zusprangen, aber bei solchen Aktivitäten ist man hier nicht zimperlich. Wenn der Spuk vorbei ist, dürfen die Kinder so viele Bohnen essen, wie sie Jahre zählen. Das soll sie gesund und munter durch den Winter bringen. Ich halte allerdings geheizte Räume und warme Füße für eine bessere Alternative, aber auf mich wollte ja niemand hören. Nackte Kinderfüße und Rotznasen gehören zum japanischen Winter wie eiskalte Badezimmer und extrem überheizte Züge.

„Am 14. Februar ist Valentinstag." Diesen Spruch verbreiten nicht nur Deutschlands Blumenhändler äußerst erfolgreich, sondern auch Japans Schokoladenhersteller. Süße Präsente gehen in Japan immer, Blumen hingegen lassen sich schwer an den Mann bringen. Ein bunter Strauß in Männerhänden oder gar rote Rosen ist den Herren der Schöpfung grundsätzlich viel zu peinlich, als dass sie damit ihre Liebste überraschen würden. Doch das steht am Valentinstag eh nicht an. An diesem Tag lehnen die Herren sich erst einmal gemütlich zurück und harren der Dinge, die da auf ihrem Schreibtisch landen. Am 14. Februar geben sie nicht, sondern empfangen Geschenke. Aber nicht etwa von der eigenen Gattin oder Freundin, sondern von ihren Bürodamen. Pflichtbewusst verteilen diese schokoladige Aufmerksamkeiten an alle Männer ihrer Abteilung. Allerdings bekommt der unsympathische Vorgesetzte nur schlichte *Giri-Schoko*, Pflichtschokolade einfachster Qualität, während der umschwärmte Junggeselle mit handgemachten Pralinen rechnen darf.

Einen Monat später, am 14. März, kommt der Ausgleich. An *White Day* revanchieren die Männer sich mit weißer Schokolade oder Spitzentaschentüchern bei den Damen, doch Freude empfinden die Erwachsenen schon lange nicht mehr an dem eingefahrenen Ritual. Alle Beteiligten sind der Sache so richtig überdrüssig, doch keiner traut sich, mit dem Unsinn aufzuhören. Einzig in der Schule schlagen am Valentinstag die Herzen noch höher. Die größeren Mädchen bereiten liebevoll ein Mittagessen in der Lunchbox zu und übereichen es vor aller Augen ihrem Schwarm. Und das Reisbällchen spricht: „Magst du mich auch?".

Wie in einem Reigen miteinander verflochten wechseln sich japanische und westlich adaptierte Feiertage und Festivitäten miteinander ab. Am 3. März – die Doppeldaten (2.2./3.3. etc.) spielen seit dem frühen Mittelalter mit ihrer Übernahme aus China eine besondere Rolle – feiert Japan das Puppenfest *Hina Matsuri*. Schon ab Mitte Februar erfreuen sich die kleinen Mädchen an ihrem Puppen-Hofstaat im Stil der Heian-Zeit. Sie laden ihre Freundinnen ein, essen Süßes und trinken (hoffentlich) alkoholfreien Reiswein. Spätestens am Abend des 3. März müssen Kaiser und Kaiserin mitsamt ihren Dienerinnen, Beratern und Hofmusikanten zurück in den Schrank. Bleiben sie auch nur einen Tag länger ausgestellt, wird die Tochter des Hauses niemals heiraten, so geht zumindest die Legende. Genau das erhofft sich meine Freundin Haruko für ihr Kind. Sie lässt die Puppen mit Absicht immer eine weitere Woche im Wohnzimmer stehen. Haruko ist Witwe und nichts fürchtet sie mehr, als dass ihre Tochter eines Tages flügge werden könnte.

Im April ist Japan zu sehr mit dem Start ins Schul- und Berufsleben beschäftigt, als dass man außerhalb der Kirschblütensaison noch groß feiern würde. Der 4.4. ist entgegen aller anderen Doppeldaten gar kein guter Tag, die Ziffer Vier hat die gleiche Aussprache wie das Schriftzeichen für Tod. Die Vier sollte man also besser vermeiden. So gibt es in vielen Hotels kein viertes Stockwerk oder ein Zimmer Nummer vier. Ebenso vermeidet man die Vier beim Autokennzeichen und heiratet niemals an einem Datum mit einer Vier. Dies sind übrigens nicht die einzigen Unglückstage im japanischen Kalender. Im 14. Jahrhundert übernahm Japan die alte chinesische Wocheneinteilung mit sechs Tagen. Noch heute sind diese Tage in jedem japanischen Kalender vermerkt und spielen bei der Datierung von Festivitäten eine wichtige Rolle. So heiratet man am „Tag zum Gedenken Buddhas Tod" (*Butsumetsu*) besser nicht und hält am „Tag, der Freunde mit sich zieht" (*Tomobiki*), lieber keine Beerdigung ab, es könnte dem Freund sonst einen frühen Tod bringen. Alle anderen Tage versprechen zumindest für ein paar Stunden Glück.

Egal, auf was für einen Tag der 29. April fällt, mit ihm beginnt die heiß ersehnte „Goldene Woche", eine Aneinanderkettung von Feiertagen, die ganz Japan zu Frühlingsferien verhilft. Der 29. April war der Geburtstag von Showa-Tenno und hätte nach seinem Tod abgeschafft werden sollen. Doch der Staat gönnte seinem Volk weiterhin die Ferien und erklärte den Tag kurzerhand erst zum „Tag des Grüns" und ab 2007 etwas mutiger zum Showa-Tag. Am 3. Mai ist offiziell Tag der Verfassung und der folgende 4. Mai gedenkt nun der grünen Natur. Beide Tage waren bis zum Krieg shintoistische Feiertage. Mit der neuen Verfassung von 1947 wurden religiöse Feiertage abgeschafft, aber durch neutrale Bezeichnungen sofort wieder zum Leben erweckt. Die Tickets für Flugreisen verteuern sich während der ersten Maiwoche exorbitant, trotzdem nutzen Viele die Feiertage für einen Kurzurlaub im Ausland. In Japan selbst sind Autobahnen und Züge entsetzlich verstopft, nichtsdestoweniger zieht es die Menschen entweder für eine Nacht in einen Ort mit heißen Quellen irgendwo auf dem Land oder in eine der unzähligen Vergnügungsparks mit angegliedertem Hotel. Japaner mögen es lieber für kurze Zeit luxuriös, langer Urlaub unter unbequemen Bedingungen reizt sie nicht sonderlich.

Der Mai ist ein japanischer Wonnemonat: Anfangs herrscht Ferienzeit und obendrein wunderbares Wetter, bevor die unangenehme Regenzeit einsetzt und jeglicher Aktivität einen schwülwarmen Dämpfer verpasst. Am 5.5. ist Kindertag und da ist der Eintritt für die Kleinen beinahe überall kostenlos oder stark verbilligt. Früher war der 5. Mai ausschließlich den Jungen vorbehalten. Karpfenfahnen symbolisierten bis in die Nachkriegsjahre ausschließlich die Anzahl der Söhne eines Haushalts, den Mädchen gönnte man als Ausgleich ihr Puppenfest. Karpfen schwimmen angeblich gegen den Strom und sind stark und mutig, das wünschte man auch Japans männlichem Nachwuchs. Heute ist der Tag allen Kindern gewidmet, und in immer mehr Familien flattern bunte Karpfen auch für die Mädchen an Balkon und langen Fahnenstangen.

Valentinstag ist in Japan nicht nur wegen der einseitigen, zum Teil lustlosen Schenkerei unnötig. Mit dem Sternenfest *Tanabata* am 7. Juli hat das Land eigentlich schon seit Jahrhunderten einen Gedenktag der romantischen Liebe. An Tanabata, heißt es, treffen sich am Firmament die Weberprinzessin und ihr Rinderhirte, auf Erden waren sie einst ein Ehepaar. Auf Befehl der Himmelsgöttin musste die Prinzessin die Menschenwelt wieder verlassen, Mann und Kinder durften nicht folgen. Nur einmal im Jahr darf der Rinderhirte seine Frau sehen, die restliche Zeit trennt die Milchstraße die Liebenden. Die Geschichte der beiden Unzertrennlichen stammt ursprünglich aus China und ist auch in Korea sehr beliebt. Bittersüße Romantik ohne Happy End ist so ganz nach dem Geschmack der meisten Asiaten. Ohne eine gehörige Prise Leid gibt es hier keine wahren Gefühle. Populäre Liebesgeschichten müssen in Tragödien enden, nur dann sind Leserschaft und Publikum wirklich gerührt. Liebesgeschichten, die mit dem ewigen Zusammensein des Paares enden, schmecken allzu sehr nach Alltag und der ist nicht so recht der Stoff, aus dem hier Träume gemacht werden.

Ursprünglich war der 7. Juli in Japan gar nicht von Romantik geprägt. Traditionell zelebrierten die Schreindienerinnen um dieselbe Zeit Reinigungsrituale, um für eine erfolgreiche Ernte zu beten. Der alte Mondkalender liegt ungefähr einen Monat nach dem gregorianischen Kalender, Anfang August standen die gefürchteten Sommerunwetter kurz bevor. Die *Miko* der Schreine webten für die Götter Stoffe auf besonderen Webstühlen, den sogenannten Tanabata, daher der Name des Festtags. In der Edo-Zeit galt es als gutes Omen, an Tanabata früh aufzustehen und sich besondere Fähigkeiten zu wünschen. Für die Mädchen waren dies Nähen und Weben, für die Jungen eine bessere Handschrift. Heute schreibt man seine Wünsche auf besondere Papierstreifen und dekoriert damit Bambuszweige. Körbe und Kimonos aus gefaltetem Papier erinnern weiterhin an die alten Wünsche nach guten Hausfrauenqualitäten. In Sendai zelebriert man Tanabata Anfang August mit einem prächtigen Feuerwerk und einer über und über mit Papierkunstwerken und Bambuszweigen geschmückten Innenstadt. Entlang der Alleen ziehen sich Buden mit gebratenen Nudeln, Hühnerspießen und Teigbällchen. Ein Stand verkauft Masken, an einem anderen versuchen Kinder, Goldfische zu fangen. Auch unsere Kinder riefen sofort „Ich will auch!" und bettelten solange, bis ich die Brieftasche zog und für jeden ein Schälchen aus Esspapier kaufte. Logisch, dass sich die Schälchen sofort im Wasser auflösten und die Fischlein sich weiterhin ihrer Freiheit im Kinderplanschbecken wähnten. Trotzdem gab es keine enttäuschten Gesichter, der Mann packte kurzerhand einige Fische in eine mit Wasser gefüllte Tüte und überreichte sie uns. Unser Ältester trug sie stolz nach Hause. Und was soll ich sagen? Drei von ihnen wurden sehr alt, zwei waren echte Samurai: Sie zogen den Selbstmord einem Leben in Gefangenschaft vor und sprangen solange aus dem Goldfischglas, bis sie von ihrem Schicksal erlöst wurden.

In der Stadt wird es bis zum Feuerwerk am Abend immer voller, es ist die einzige Zeit des Jahres, in der vor Taschendieben gewarnt wird. Überraschend viele junge Leute tragen wieder die traditionell leichten Baumwollkimonos und flanieren im Stil ihrer Großeltern unter den bunten Papierstreifen bis runter zum Fluss. Immer wenn eine kühle Brise aufkommt, geht ein Seufzen der Erleichterung durch die Menge. Manche harren schon seit Stunden auf blauen Plastikplanen, um sich den besten Blick auf die goldenen und silbernen Raketenschweife zu sichern. Die großen Veranstaltungen wie das Tanabata-Feuerwerk ziehen Hunderttausende von Zuschauern an, die kleinen aber finden nun tagtäglich in der heimischen Garageneinfahrt oder im Hof statt. Feuerwerk gehört

hier zum Sommer wie die Mücken – im Winter hat
hier keiner Lust auf prächtige Himmelsgemälde.

Kaum eine Woche später, ab Mitte August, hat ganz
Japan dann endlich Sommerferien. Die Schulen haben schon seit Mitte Juli für sechs Wochen Pause, nun
folgen auch die Betriebe. Für *O-Bon*, dem Totenfest,
gibt es für die Angestellten wieder eine Woche Urlaub. Eigentlich sollte man nun heim aufs Land zu
den Familiengräbern, dort aufräumen und für die
verstorbenen Ahnen beten, am Abend das Dorffest
mit Tanz besuchen und alte Schulfreunde treffen.
Doch viele fürchten das Verkehrschaos und die Langeweile bei den alten Verwandten. Es zieht sie eher
in die kühleren Berge, ans Meer oder schlichtweg
vor den Fernseher. Mitte August verwandelt sich das
Land in einen Backofen, selbst in der Nacht sinken
die Temperaturen nicht mehr unter 25 Grad. Die Hitze lähmt und schlägt aufs Gemüt, manche verharren
schlichtweg in genereller Lustlosigkeit, bis der Alltag
nur allzu schnell wieder einsetzt. Die Kinder machen
sich endlich an das Lösen der Ferienhausaufgaben.
Bei den Jüngeren erwartet die Schule größere Bas-
telprojekte, und so sieht man am letzten Ferienwo-
chenende Horden von übellaunigen Eltern durch die
Baumärkte laufen und Material zusammensuchen.
Die großen Geschwister besuchen während der Feri-
en Extrastunden an ihrer Nachhilfeschule. In eigens
zusammengestellten Ferienprogrammen bereiten sie
sich auf die Prüfungen im Winter vor, einzig mit dem
Unterschied zum gewöhnlichen Schulalltag, nun wenigstens am Abend ein wenig Muße zu haben. Lange Ferienreisen sind für Familien also nicht wegen
finanzieller Engpässe unmöglich, der Nachwuchs
muss während der schulfreien Wochen speziell ge-
coacht werden. Da bleibt kaum Raum für gemütliche

Entspannung fernab der eigenen vier Wände. Lehrer haben übrigens in der Ferienzeit außerhalb der O-Bon-Woche in der Schule bis 17 Uhr Anwesenheitspflicht. Das gilt nicht nur für die Sommerferien, sondern auch für alle anderen unterrichtsfreien Zeiten. Warum sollten sie anders als der Rest der Arbeitnehmer behandelt werden?

Im Herbst verdankt die Nation ihren Alten ein schönes langes Wochenende, am dritten Montag im September ist Ehrentag der Senioren. An *Keiro no hi* schreiben die Enkel mit Hilfe der Lehrerin brav ihren Großeltern, und auch der Herbstanfang am 23. September ist den Japanern ein Feiertag wert. Hier herrscht außerdem die angenehme Sitte, dass ein Feiertag, der auf einen Sonntag fällt, automatisch den folgenden Montag zu einem arbeitsfreien Tag macht. Die Tage sind bis in den Oktober hinein noch sehr warm, aber die Nächte kühlen langsam ab und so macht die Natur wieder so richtig Spaß. Auch das Essen schmeckt nun endlich wieder, die appetitlosen Sommermonate sind vorüber und nun bestaunen Talkshowgäste zur besten Sendezeit die größten, schönsten und teuersten Gemüse der Saison. Wenn Ende Oktober im Norden die Herbstlaubfärbung einsetzt, beginnt die wohl populärste Reisezeit in Japan. Tagsüber schaut man sich irgendwo die in Rot und Gelb leuchtenden Wälder an, abends speist man die Spezialitäten der Region im traditionellen Ryokan-Hotel, um anschließend ein heißes Bad unter Sternen zu genießen. Dann ist genau die Zeit gekommen, an dem die Japaner mit Recht wohlig zufrieden seufzen: „Aah, nihonjin de umarete yokatta na!" – Was für ein Glück, als Japaner geboren zu sein!

Top Ten des guten Tons

1. Körpergeräusche

Bevor man sie sieht, hört man sie schon, die Deutschen beim ausgiebigen Naseputzen. Japaner rollen sich bei diesem Geräusch die Fußnägel auf, also bitte in der Öffentlichkeit vermeiden oder zumindest so dezent und geräuschlos wie irgend möglich halten. Absoluter Tabubruch ist das Schnauben am Esstisch. Die laufende Nase nur zart abwischen oder die Toilette aufsuchen und dort ordentlich ins Taschentuch tröten. Als unschicklich gelten auch jegliche Toilettengeräusche. Um diese zu übertönen, ersetzt mittlerweile auf Knopfdruck ein Rauschen aus dem Lautsprecher überflüssiges Wasserspülen. Wer übrigens wissen möchte, ob das stille Örtchen noch frei ist, rüttelt nicht wild an der Klinke, sondern klopft an. Wird von der anderen Seite zurückgeklopft, muss man sich gedulden.

2. Gefühle zeigen

„Das Land des Lächelns" lächelt wirklich oft und gern, auch wenn die Stimmung gar nicht danach ist. Denn wer seinen Ärger offen zeigt, hat gleich schon mal verloren. Immer die Ruhe bewahren, auch in verpatzten Situationen nicht die Nerven verlieren oder gar laut werden! Das schreckt unnötig auf und die Leute klappen zu wie die sprichwörtlichen Austern. Es wird zwar weiterhin höflich gehandelt, doch wird der Beschwerdeführer so schnell wie möglich kalt gestellt. Mit „so einem" will niemand etwas zu tun haben. Große Gefühle, vor allem für den oder die Herzallerliebste, stellt man hier auch nicht zur Schau. Bis

zur Hochzeit weiß meist noch nicht mal das Um-
feld, dass es da gewaltig geknistert hat. Und danach hat man mit diesem offiziellen Schritt seine
Zuneigung zu Genüge zum Ausdruck gebracht.
Händchen halten tun ganz frisch Verliebte im Dunkeln der Nacht, fürs öffentliche Küssen reicht noch
nicht mal ein ordentlicher Alkoholpegel als Ent-
schuldigung. Kurz: Ein Paar jenseits der zwanzig
ignoriert sich in der Öffentlichkeit im Guten wie
im Schlechten.

3. Schuhwerk

Vor dem Betreten einer Privatwohnung oder einem
Tempel heißt es, Schuhe ausziehen! Entweder stehen
für den Besucher Plastikslipper bereit oder er muss
auf Strümpfen durch das ehrwürdige Gebäude laufen. Bevor ein Zimmer mit Reisstrohmatten (Tatami)
betreten wird, müssen auch die Slipper abgestreift
werden.
Immer wieder gern erwähnt werden die speziellen
japanischen Toilettenslipper, die den Gast am Eingang der privaten (und manchmal auch öffentlichen)
Aborte erwarten. Ist alles erledigt, sollte man beim
Verlassen natürlich wieder in die gewöhnlichen Slipper wechseln. Spätestens bei der Rückkehr in den
geselligen Kreis, wenn alle einem amüsiert auf die
Füße starren und dort immer noch die ollen Klo-Pu-
schen aus rosa oder babyblauem Plastik sitzen, weiß
man, was man zuvor vergessen hat. Gut, dass diese Schusseligkeit zu uns Ausländern wie unsere großen Nasen gehören und daher nicht sonderlich übel
genommen werden.

4. Tischmanieren

Ein Paradies für Kinder (und Erwachsene): Hier darf die heiße Suppe endlich laut geschlürft werden. Im Gegenteil, so mancher *Ramen-* (Nudelsuppen-)Koch wird sauer, wenn man seine Zufriedenheit allzu dezent zum Ausdruck bringt. Schmatzen macht sich allerdings hier in letzter Zeit nicht mehr so gut, ebenso gelten die grundsätzlichen Regeln, dass man erst anfängt, wenn alle bereit sind und man *Itadakimasu* (*Ich greife zu*) gesagt hat. Das Signal, dass man satt ist, heißt *Gochisosama deshita* (*Es war köstlich*) und der Reis sollte bis aufs letzte Körnchen verspeist sein. Was gemeinsam auf dem Tisch steht, wird auch gemeinsam in nicht festgelegter Reihenfolge gegessen. Beim Umgang mit den Stäbchen gilt eine wichtige Regel: Niemals die Dinger in den gekochten Reis stecken, das erinnert an die Räucherstäbchen auf dem Altar. Ebenso reicht man keine Speisen von Stäbchenpaar zu Stäbchenpaar weiter. Das tut man nur bei der Beerdigung, wenn die Gebeine aus der Asche gelesen werden. Die Suppe trinkt man aus der Schale und nimmt dafür keinen Löffel. Dafür können Sushi ruhig mit den Fingern gegessen werden.

Noch ein Wort zu den Getränken: Vor dem ersten Schluck heißt es *Kanpai!* (*Zum Wohl!*). Ständig hat man darauf zu achten, dass das Glas des Tischnachbarn wohl gefüllt ist. Niemals füllt man sich selbst sein Glas, das übernehmen die anderen der Runde. Sollten die das übersehen haben, füllt man jemanden das Getränk einfach nach, auch wenn es nur ein winziger Schluck ist. Dadurch ist derjenige dazu gezwungen, dem Nachbarn ebenfalls sofort nachzufüllen.

5. Ordnung und Pünktlichkeit

Stand man früher in der Bank, in der Post, im Krankenhaus und in der Apotheke und an vielen anderen Orten Schlange, zieht man heute beim Betreten des Gebäudes eine Nummer und wartet, bis man aufgerufen wird. Anders natürlich an der Bushaltestelle, dem Taxistand und der Eisenbahn. Hier markieren Linien auf dem Boden die genaue Warteposition, beim berühmten Shinkansen, Japans Superschnellzug, kann man sich schon bei absehbarer Überfüllung für die nächste Bahn aufstellen. Überall gilt der Ehrenkodex, nicht zu mogeln oder sich gar vorzudrängeln. Tut man es doch, wird wahrscheinlich niemand meckern, man wird ob der Dreistigkeit einfach sprachlos sein. Das tut man hier einfach nicht!
Wer einmal in Japan war, kann über den Mythos deutscher Pünktlichkeit nur noch lachen. Das gilt ganz besonders für das Bahnsystem, eine Verspätung von zwei Minuten gilt als Versagen der Gesellschaft und ist Anlass zahlreicher Entschuldigungen. Im privaten Bereich kommt man lieber zu früh als zu spät. Werden Gäste zum Beispiel für 20 Uhr eingeladen, sollte der Gastgeber eine halbe Stunde zuvor bereit sein. Gewöhnlich sind alle spätestens zehn Minuten vor der Zeit da. Nach zwei Stunden haben alle Feiern ihr offizielles Ende. Der Gastgeber sagt ein paar Abschiedsworte und dies gilt als Zeichen für den allgemeinen Aufbruch. Der gilt für alle, niemand bleibt noch auf ein letztes Glas zurück. Hingegen ist es völlig in Ordnung, die Feier an einem anderen Ort fortzusetzen. Will man lieber nach Hause, ist dies der Zeitpunkt, Abschied zu nehmen. Es gilt allerdings als sehr unhöflich, während einer Party zu gehen. Immer heißt es, die offizielle Abschiedsrede abzuwarten, bevor man sich verabschiedet.

6. Bademanieren

Ein heißes Bad beendet jeden Tag auf entspannende Weise. Dabei heißt es immer: Zuerst von Kopf bis Zeh sauber schrubben und erst anschließend ab in die Wanne! Für das Baden auf japanische Art gelten allerorts strikt die gleichen Regeln, sei es nun im heimischen Badezimmer, im öffentlichen Sento-Bad oder in der luxuriösen Anlage des Hotels mit Außenbecken. Die gesamte Kleidung kommt in einem Vorraum in Körbe oder Schließfächer, nur mit einem kleinen Handtuch und den persönlichen Pflegemitteln betritt man dann das dampfende Bad. Bevor man ins heiße Wasser steigt, wäscht man sich gründlich. Daheim geschieht dies vor der Wanne mit einer kleinen Handdusche im komplett abgedichteten Baderaum, in den öffentlichen Bädern reihen sich Duschen mit bequemen Höckerchen und Spiegeln entlang der gekachelten Wände. Nach dem Waschen spült der höfliche Benutzer noch den benutzten Hocker und Wasserschüssel für den nächsten Gast sauber, bevor er sich in das heiße Wasser gleiten lässt. Ruhe ist dabei wichtig, denn hastige Bewegungen machen nicht nur dem Kreislauf zu schaffen, sondern belästigen mit Wasserspritzern auch andere Badende. Egal, wie großzügig die Badelandschaft sein mag, Schwimmzüge im Becken sind ein absolutes Tabu. Hat man draußen ausgiebig Schneelandschaft und Sternenhimmel im heißen Wasser sitzend bewundert, geht es vor dem Verlassen des Bades nochmals kurz unter die Dusche. Badehandtuch vergessen? Macht nichts, der krebsrote Körper wird ganz von alleine wieder trocken!
Kinder sind übrigens immer willkommen, sie dürfen nach Lust und Laune bei Vater oder Mutter mit, denn meist sind die Bäder nach Geschlechtern ge-

trennt. Erwachsenen mit Körpertätowierungen bleiben die Badepforten jedoch meist verschlossen. Einzig Mitglieder krimineller Vereinigungen lassen sich in Japan tätowieren und kein Hotel oder öffentliches Bad möchte in den Verruf geraten, mit den Yakuza in Verbindung zu stehen. Kleinere Verzierungen werden sicherlich akzeptiert, doch Besucher mit großflächigen Tätowierungen müssen mit Abweisung rechnen.

7. Visitenkarte

Ohne Karte geht es nicht, zumindest nicht im beruflichen Bereich. Heute sind die meisten japanischen Karten zweisprachig und erleichtern eindeutig das Lesen von Name, Titel und Adresse. Beim Überreichen einer Karte nimmt man immer beide Hände und verbeugt sich leicht. Bekommt man eine Karte, nimmt man sie ebenso entgegen und schaut erst einmal respektvoll darauf. Die Karte muss ordentlich verstaut werden, darf nicht geknickt oder gar mit Anmerkungen bekritzelt werden. Das geht gar nicht. Erlaubt ist das Fragen nach der korrekten Aussprache oder der Bedeutung der Schriftzeichen. Gerne wird das als Aufhänger für ein nettes Gespräch genommen.

8. Dresscode

Als Faustregel gilt hier: Mehr ist immer besser! Ein bisschen overdressed kann hier nie schaden, das Gegenteil ist eher peinlich. Bei geschäftlichen Terminen tragen Männer immer Anzug und Frauen Kostüm, mit Hose oder Rock. Frauen tragen dabei wenig Schmuck. Im privaten Bereich tendiert die Mode eher in die konservativ adrette Richtung. Auch Kinder werden dem Anlass entsprechend angezogen und tragen bei offiziellen Einladungen propere Sachen, d.h. Anzug und Rüschenkleid bei Hochzeit oder Abendveranstaltung. Leger geht es nur daheim oder beim Sport zu. Da für beinahe alle Oberschüler Uniformpflicht herrscht, mögen es die jungen Mädchen in ihrer Freizeit besonders wild und fantasievoll. Diese Phase endet ein für alle Mal mit der Studentenzeit und nur wenige Frauen jenseits der 25 haben den Mut, einen eigenen Modestil beizubehalten.

9. Geschenke

Geschenke erhalten hier neben der Freundschaft auch die gute Nachbarschaft und das gute Arbeitsverhältnis sowie all die anderen größeren und kleineren Kontakte. Geschenke sind ein ganz wichtiger Teil des sozialen Miteinanders und jedermann gibt und bekommt sie äußerst gerne. Die Grundregel lautet: Wer gibt, bekommt auch. Kinder kommen nachmittags nicht mit leeren Händen zum Spielen, sie bringen eine Kleinigkeit mit und erhalten auch beim Abschied etwas für Zuhause, und wenn es nur zwei Äpfel sind. Mache ich einen Ausflug, bringe ich der Familie, den Freunden, den Kollegen eine Kleinigkeit mit. Daher gibt es immer und überall Souvenirgeschäfte. Wurde Hochzeit gefeiert, bringt nicht nur jeder Gast einen Geldumschlag, er erhält auch ein Abschiedsgeschenk. Im Sommer gibt es zum Totenfest für alle Vorgesetzten ein Geschenk, im Winter wiederholt sich die Sache zu Neujahr. Dabei muss sich der Wert der Gegenstände einigermaßen die Waage halten, ein Gegengeschenk darf niemals billig ausfallen, es würde den Beschenkten herabwürdigen. Ist es allerdings zu üppig, zwingt es den Beschenkten in die prekäre Lage, ein ebenfalls viel zu teures Geschenk zurückzugeben. Was schenkt man? Am besten Praktisches wie Delikatessen, Seifen oder Handtücher. Gerne mit berühmtem Label oder etwas Außergewöhnliches wie erlesene Handwerkskunst. Blumen sind unbeliebte Präsente, ihre Symbolik birgt zu viele Tücken. Souvenirs aus der Heimat wie zum Beispiel eine Kuckucksuhr sind geradezu Garanten eines gelungenen Geschenks.

10. Rechungen

Bei gemeinsamen Unternehmungen, sei es nun der Eintritt in ein Museum oder das Mittagessen im Restaurant, teilt man die Rechnung nicht, sondern überlässt einer Person das Zahlen. Auseinanderklamüsern nach dem Motto „Wer hatte die Nummer 15 und ein Pils?" ist jenseits sämtlicher Anstandsregeln. Nach einem höflichen Gerangel an der Kasse gewinnt gewöhnlich erst einmal der Ranghöhere und zahlt für alle. Bei der nächsten Gelegenheit, sagen wir der Pause im Museumscafé, bezahlt dann ein anderer für die gesamte Runde. Und so gleicht sich das gewöhnlich über einen längeren Zeitraum wieder aus. Als Ausländer kommt man selten zum Zahlen, dann sollte man hin und wieder einen anderen Weg finden, um die finanzielle Balance zu halten. Besondere Mitbringsel, wie der in Japan heiß geliebte Baumkuchen einer berühmten Konditorei, sorgen dann wieder für ein Plus auf dem Konto der guten Gefühle.

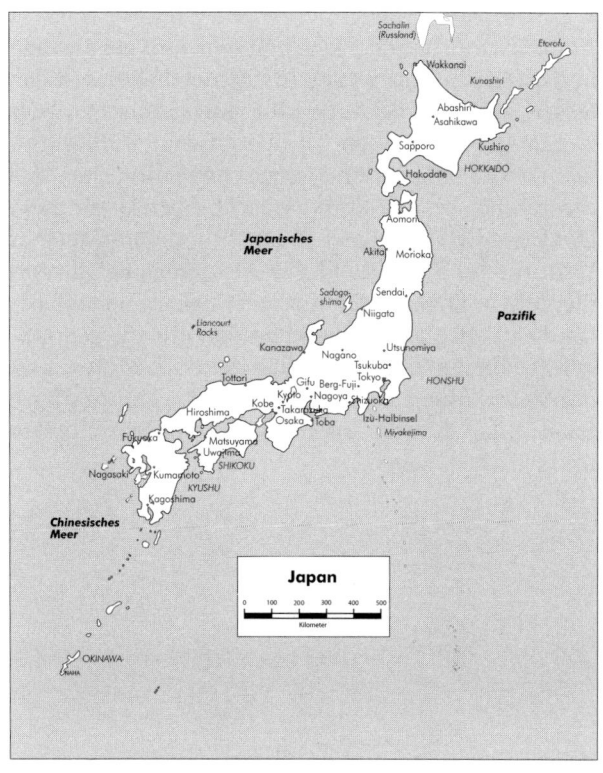

Danksagung

Zunächst möchte ich allen Personen danken, die meinen Alltag in Japan zum Abenteuer haben werden lassen und mir die Augen für die japanischen Way of Life geöffnet haben. Die Bereitschaft zahlreicher Japaner zu langen und ehrlichen Gesprächen hat dieses Buch erst möglich gemacht. Ebenso gilt mein Dank meiner Verlegerin Sandra Thoms und meiner Lektorin Julia Kaufhold für die intensive Zusammenarbeit. Ehemann und Kinder bekommen ein besonders liebvolles Dankeschön von mir für geduldiges Zuhören und konstruktive Kritik. Zu guter Letzt danke ich allen Lesern, die nach der Lektüre dieses Buch in Japan mehr als das Land der Skurrilitäten und Klischees sehen.